考古学から探る郡山城

― 城館が語る安芸の中世 ―

小都　　隆

渓水社

は じ め に

　毛利氏の本拠である郡山城は広島県安芸高田市吉田町にある。

　承久の乱の後、安芸吉田荘を得た毛利氏は、南北朝期に吉田荘に入ったとされる。本拠の郡山城が史料で確認できるのは享徳2年（1453）の「城誘」の記事で、「城誘」が行われた城は後に郡山城に含まれる郡山東南支尾根の「本城」である。

　大永3年（1523）、元就は惣領家を相続し郡山城に入る。天文9年（1540）には尼子詮久に郡山城を攻められるが大内氏の援軍で防ぎ（郡山合戦）、翌10年には安芸分郡守護武田氏を滅ぼす。天文15年元就は隆元に家督を譲るが、この後郡山は「本城」から郡山全山に拡大したらしく、元就は山頂の「嵩」に、隆元は「本城」（後に「尾崎」に移る。）にいた。天文20年（1551）、大内義隆は陶隆房（晴賢）のクーデターにより自刃するが、弘治元年（1555）、元就は厳島で陶晴賢を討ち、同3年には周防・長門を制圧、毛利氏は戦国大名となる。永禄5年（1562）には石見に次いで出雲を攻めるが翌年隆元は死去、元就はその後も出雲を攻め同9年には尼子氏の富田城を開城、出雲を制圧する。元亀2年（1571）の元就の死後は孫の輝元が継ぎ、毛利氏の勢力は最大となる。

　天正年間には織田信長と対決するが、天正10年（1582）、備中高松城で羽柴秀吉と講和、同13年には豊臣大名となる。この頃郡山山頂部の郭の拡張・整備など城内の改修が行われた。天正16年（1588）輝元は上洛し翌年には広島城の築城を始め、19年には広島城に移るが、郡山城はその後も使用されたらしい。その後、慶長5年（1600）、毛利氏は関ヶ原の戦いで敗北、毛利氏は防長2国に転封され郡山城は廃城になった。

　このように郡山は毛利氏の本拠として、地頭領主から国人領主、戦国大名、そして豊臣大名と成長していくなかで毛利氏とともに拡大、改修を重ねた城であり、その歴史的背景や保存状態の良さ、規模、構造、内容な

ど、西国を代表する城ということができる。こうしたことから、近年の城館への関心の高まりの中で、毛利元就に関わる解説書や城館のガイドブックにもしばしば取り上げられるが、郡山城については概要が記されているだけで、必ずしもその実態が示されているとは言えない。

　本書では、これまでの郡山城研究の歴史をたどったうえで、郡山城に係る考古学的調査、すなわち遺構や遺物の地表面調査と部分的に行われている発掘調査の成果をまとめ、史料調査の成果や安芸の城館との比較を行ったうえで、郡山城の構造と変遷をたどり性格と意義を明らかにすることを試みた。あくまでも現状における報告であり、今後の調査・研究の一助としていただければ幸いである。

　本書作成に当たり、安芸高田市教育委員会、安芸高田市歴史民俗博物館、安芸高田市地域振興事業団からは写真資料や測量図の提供をうけ、出土遺物や絵図などの閲覧についてもご配慮いただいた。厚くお礼申し上げます。

　なお、郡山城は廃絶後の遺跡であり正しくは郡山城跡と記すべきだが、本書では城存続時の歴史的状況を記す場合もあり、郡山城と郡山城跡が混在することから、ここでは第1章を除き郡山城で統一した。また、郭の名称は、本丸、二の丸など、近世地誌に示され現在も現地の案内板、説明板で使用されている呼称で示したが、これは在城時の呼称ではない。将来的には調査・検討に基づき改称される可能性があることを付記しておく。

巻頭図版1　（上）郡山城と城下（安芸高田市教育委員会提供）
　　　　　　（下）郡山城遠景（南より）

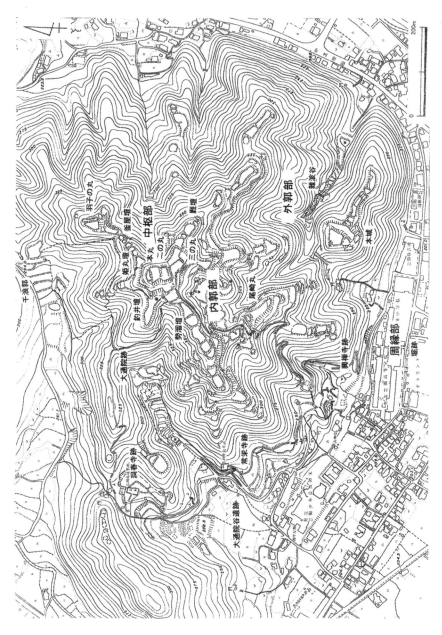

巻頭図版 2　郡山城測量図

（吉田町教育委員会 1998 の図面に加筆）

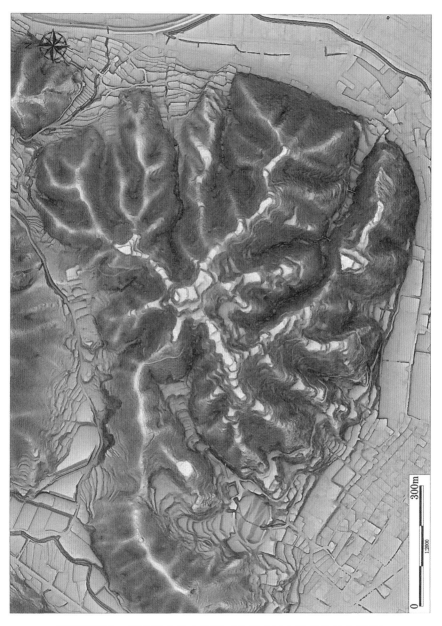

巻頭図版 3　郡山城赤色立体図（安芸高田市教育委員会提供）

目　　次

第8章　郡山城の性格と意義

考古学から探る郡山城

― 城館が語る安芸の中世 ―

第1章　これまでの調査

1　廃城から幕末まで

　郡山城は毛利氏の本拠城であるが、関ヶ原の戦いの後毛利氏が防長に移封されると廃城となった。毛利氏の後、安芸・備後には福島氏、次いで元和5年（1519）には安芸に浅野氏が入る。浅野氏は郡山を御建山（藩有林）とし山奉行が管理した。

　芸州藩では寛文3年（1663）、『芸備国郡志』（高田郡史編纂委員会1981）を著すが、高田郡の項で城跡は古蹟門に記され、郡山城と思われる城については「吉田城　即是元就之所築也」とされ、郡山城の記載はなく関心は低かったと思われる。宝永2年（1705）の『高田郡村々覚書』では、吉田村の項に「郡山」として、大手、惣廻りから御本丸、二の丸、御三の丸など個別の郭の規模や内容までも詳しく記載されており、島原の乱（寛永14・15年、1637・38）に伴い惣堀が埋められたとの記述もある（高田郡史編纂委員会1981）。この記載は以後の芸州藩の地誌編纂や長州藩による城跡調査に引用され記述の基本となっている。

　一方長州藩では、藩祖元就の遺訓を藩政の規範としたことから、元就の墓所と郡山城跡にも関心がもたれ、寛文10年（1670）の元就100回忌から長州藩の元就墓所への墓参が始まり、以後50年ごとに墓参が続けられる（高田郡史編纂委員会1972）。元禄8年（1695）には元就などの業績を記した『陰徳太平記』が香川景継によって編纂される。これは岩国吉川家の『二宮覚書』や『森脇覚書』、『御答書』を参考にして記述したもので、各地の合戦や城の様子が細かく記されているが、誇張が多く多分に文学的色彩を帯びたものとされている（田村1996）。元禄12年（1699）には『吉田物語』が著され、享保10年（1725）には『萩藩閥閲録』が編纂される。これは永田正純が毛利氏家譜や家臣伝来の古文書、家系を調査し編集したもので、軍記物による記述ではない。

1

文化元年（1804）、芸州藩は藩の修史事業を始める。各郡には国郡志御用掛がおかれ『国郡志御用ニ付下調書出帳』（文政2年：1819頃）を作成、それをまとめ編集したのが文政8年（1825）の『芸藩通志』である。郡山城跡について、『国郡志御用ニ付下調書出帳　吉田村』では、古城跡之部に「郡山」とあり、『高田郡村々覚書』の記述をもとに調査を深め、城跡の規模から各郭の大きさ、立地、内容、由来、歴代城主などが詳しく記されている（高田郡史編纂委員会1981）。また、『芸藩通志』巻68、高田郡の城墟では「郡山城」として、建武年間の毛利時親の築城から大永年間に全山を城郭化したことが簡潔に示されている。これは伝承などを含めた各村からの報告を編集者が歴史的視点で考察した結果によるものと思われる。これ以後、地域では『芸藩通志』記載の城跡と『陰徳太平記』など軍記物に登場する城跡の記載を組み合わせて城跡の意義づけを行うものや、所在しか明らかでない城跡に由緒が記されるものが出てくる。

　文政3年（1820）の元就の250回忌では、地元吉田で上田南亭により『郡山集』が刊行され、元就墓所の木版刷り「芸州吉田洞春寺旧蹟御廟略図」も出版された。天保5年（1834）には和田和三郎により「芸州吉田毛利公古城蹟郡山略図」を掲載した『よしだめぐり』も刊行されている。

　この間、長州藩士の元就墓所参詣に関わってか『芸州吉田明細記』、『祐長老答国司広邑書』（享保2年、1717）、『吉田御廟参道中記』、『毛利元就公御廟所の覚』（明和4年、1767）、『辛未紀行』（文化8年、1811）、『弔古記』（文政2年、1819）などの記録や、「芸州吉田行程記」、「芸州郡山之図（立体模型）」（享保年間）、「吉田郡山御城下古図」、「郡山城之図」など絵図なども多く記された（高田郡史編纂委員会1981）。

　このうち『祐長老答国司広邑書』には、堀について、元就の時、幅が狭く「飛越」ものがあったことから「双方」へ「二間宛」広めさせたと伝えられるとし、当時は堀跡と伝えられる遺構があったこと。また城の御本門は難波谷であったとしている。さらに『高田郡村々覚書』には触れられていない御里屋敷について、「祇園之左」にあり「馬ひやし場」という池があったなど、郡山城に関わる具体的な伝承を記している（高田郡史編纂委員会

図1－1　「芸州吉田毛利公古城蹟郡山略図」
（『よしだめぐり』（明治33年、1900）の復刻版より）

1981）。

　また、永田政純により享保年間に作られたとされる「芸州郡山之図（立体模型）」は郡山の山容を立体模型としたもので、多数の郭が表現されている。添付文書には、山の高さや規模、島原の乱の年に惣堀が埋められたこと、本丸などの記載があり、頂上を嵩（かさ）といい元就の御里屋敷があったが、御里屋敷は嵩のほかにもあったとも記している。立体模型には約70の郭に貼紙があり、本丸・二の丸・三の丸・尾崎丸などの名称とともにその広さも記入している（山田1992）。これらの郭の位置は現在地元で伝えられている場所にほぼ一致する。

　絵図には多様なものがあるが、大きくは①在城時をイメージしたものと

②廃城後の姿を描いたものに分けられる。①では郭の位置に家臣の名が記されているが郭の名称は明らかでない。②では郭に本丸・二の丸などの記載がある（吉田町歴史民俗資料館 1993）。『辛未紀行』には本丸周辺の平面略図に注記があり、『よしだめぐり』の付図では鳥瞰図に郭名の記載がある。位置は「芸州郡山之図（立体模型）」にほぼ一致する。

　この『よしだめぐり』は明治 33 年（1900）に岩崎弥三吉により復刻・印刷されている。現在、地元で使われている呼称はこの『よしだめぐり』に記された位置に近く、これが広まった可能性がある。郭の名称は同時代史料で確認される「嵩」や「中の丸」などはなく、「本丸」「二の丸」など天保から明治初期に認識されていた郭名が記載されている。現在使用されている郭の名称は再考する必要がある。

　この間、長州藩では藩主の代替に伴い 5 回の元就墓所代参があり、芸州藩主浅野吉長も藩内巡回の時に元就墓所へ参詣している（高田郡史編纂委員会 1972）。

　元治元年（1864）、第 1 次長州戦争が始まり、広島には幕府軍の征長総督府が置かれる。これに先立つ文久 2 年（1862）、幕府は江戸にいた芸州藩浅野内証分家に、長州藩との関わりが深い吉田郡山山麓に陣屋「御本館」の建設を指示する。この時、山麓の陣屋建設のほかに郡山の防備・再城塞化のための測量、計画図である「郡山量地図」「吉相山之図」とその解説書である『郡山兵備談』が作成された（高田郡史編纂委員会 1972）。これは陣屋防備のための兵の配置計画や作戦要綱で、測量は精緻で以後の郡山城跡調査の基本資料となっている。「郡山量地図」は、郡山の位置、規模、高さ、外形、山（峰）、谷、城内の平壇（郭）などを実測したもので、郭の坪数や郭間の距離、高さまで記載されている。郡山城の再城塞化という目的があったとしても、図面の正確さと描写は詳細で技術的にも現在の測量に匹敵する。特筆されるのは郭の呼称で、「芸州郡山之図（立体模型）」や『よしだめぐり』などで使われていた本丸、二の丸などは用いず、地形に合わせて山頂を素峰、それから放射状にのびる尾根・谷は十二支にあわせ、北から時計回りで子峰（子谷）から亥峰（亥谷）とし、それぞれに上

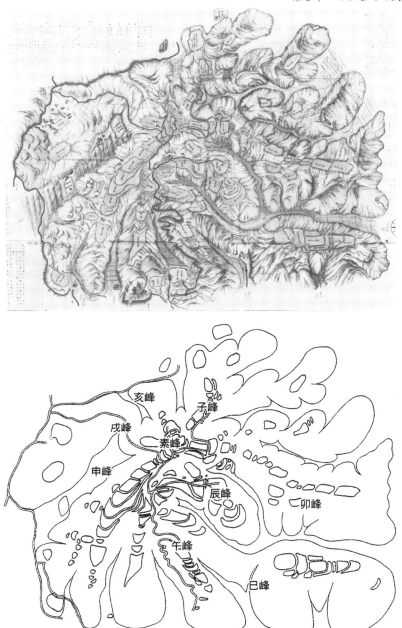

図1－2　「郡山量地図」（文久2年、1862の写）　下はトレースして加筆したもの

（高所）から下（低所）に、例えば子峰三番級など番号を振って示していることである。本丸、二の丸などの呼称に疑問があったためかもしれない。この測量により郡山城には4坪（13㎡）から510坪（1686㎡）まで127の郭があることが明らかにされている（小都勇二1975）。

　慶応元年（1865）、幕府は再度の長州出兵を行うが（第2次長州戦争）、翌年長州藩の勝利で終結する。陣屋「御本館」は明治2年（1869）、版籍奉還により解体する。

2　明治から戦前

　明治元年（1868）から翌々年の元就300年祭（神仏分離により仏式の法要から神式の祭りになる）にむけて元就墓所の大規模な改修が行われる。郡山は翌年の版籍奉還により国有地となるが、同9年（1876）には毛利家へ移譲される。同15年（1882）、元長州藩士の武田泰信は郡山城でかつて文化13年（1816）に見た「百万一心」の巨石銘文の拓本を豊栄神社に奉納する（小都勇二1985）。「百万一心」銘文の伝説は、毛利元就が郡山城築城に当たって人柱の代わりにこの字を刻んだ巨石を埋め人命尊重と協力の必要を諭したとするもので、地元では古くから伝えられていたらしいが、これを契機として近世から明治維新まで長州藩を中心に続いていた元就の顕彰が大きく進む。同34年（1901）からは地元で毎年元就の命日に墓前祭が行われ、同41年（1908）には元就に正一位の追贈、大正9年（1920）には元就350年祭が行われるなど、元就の顕彰が活発となり、その居城郡山城への関心も高まっていった（小都勇二1985）。

　昭和7年（1932）、吉野益見が『史蹟名勝天然記念物調査報告』で「吉田郡山城阯」（吉野1932）を著す。内容は、位置と地理的・歴史的概観を述べた概説と、旧城と新城に分け概要と歴史を示した特説、周辺の城跡や郡山に関わる人物などを記した附説からなる。史料調査と現地調査に地誌や伝承を加えた郡山城跡についての初の調査報告書である。結語には「郡山は戦国時代の標識的且中国重鎮の一大山城である。此原形を永遠に保存して城郭研究の淵源足らしめねばならぬ。」とある。

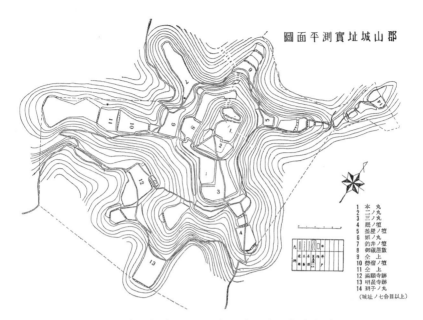

郡山城址實測平面圖

	丸
1	本ノ丸
2	二ノ丸
3	三ノ丸
4	厩ノ壇
5	釜屋ノ丸
6	姫ノ丸
7	釣井ノ壇
8	御藏屋敷
9	仝　上
10	勢溜ノ壇
11	仝　上
12	滿願寺跡
13	明星寺跡
14	羽子ノ丸

（城址ノ七合目以上）

図1−3　郡山城跡史跡指定区域図（1938）　史跡指定申請のための測量

　その後、昭和13年（1938）には国の史跡指定調査が始まり、現地調査や城跡中枢部の地形測量が行われ、同15年には「郡山城跡」として史跡指定された。指定地は山頂部付近の約7.5haである。毛利氏に関わっては、同年、鈴尾城跡が毛利元就誕生伝説地として、吉川元春墓も広島県史跡に指定され、同19年には猿掛城跡も広島県史跡に指定されている（現在は多治比猿掛城跡の名称で史跡毛利氏城跡の一とされている。）。

　近代に入ると、明治維新に大きな役割を果たした長州藩閥により毛利家とそれに関わる遺跡は厚遇され、元就とその墓所、居城郡山城跡の顕彰が進む。しかしその多くは毛利家や元就に対する顕彰であって郡山城跡に対してのものではない。また郡山城跡の史跡指定では「国史郷土史による精神の作興を図らんとする」など（吉野1932）国策の遂行に利用される。これら国・県の政策について、地域ではそれを地域の価値を高めるもの、誇

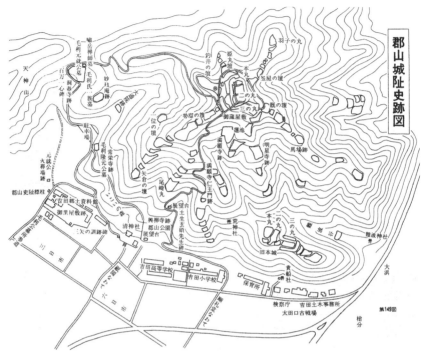

図1-4　郡山城跡略測図（『郡山城跡』1975より）

りうるものとして全て受け入れている。

3　現代

　戦後、同時代史料で確認される城館跡は地域史の資料として扱われ、昭和29年（1954）には鏡山城跡が広島県史跡（現在は史跡）に、32年には妻高山城跡（現高山城跡）、高山城跡（現新高山城跡）、三原城跡が小早川氏の城跡として史跡に、45年には伊勢が坪城跡、高松城跡、熊谷氏土居屋敷跡などが熊谷氏の遺跡として、翌年には五龍城跡、甲山城跡が広島県史跡に指定されている。

　昭和46年（1971）、毛利元就四百年祭が地元奉賛会によって行われる。

これは戦前50年ごとに行われていたものを踏襲したものである。これにあわせ郡山山麓に吉田郷土資料館（安芸高田市歴史民俗博物館の前身）が開館する。

郡山城跡については、昭和47年の『高田郡史』上巻（高田郡史編纂委員会1972）に、郡山城跡として節を設け、概要とともに城跡の略測図、個々の郭の概要、郡山城に係る地誌が掲載され、それまでの研究のまとめがなされている。略測図作成に当たっては「郡山量地図」など既存の図面と現地の状況、呼称の対比も行われている。同50年には、郡山城の歴史と遺構とともに略測図などを掲載した『郡山城跡』（小都勇二1975）も出版されている。これらに掲載された略測図によりはじめて郡山城跡の全貌が示されたといってよい。

昭和55年（1980）、『日本城郭大系』13広島（西本編1980）が刊行される。県内の277城が取り上げられ、郡山城をはじめその半数近くに略測図が掲載されている。河合正治氏による広島県の概説（河合1980）では、地域史に城を位置付け城の歴史資料化が行われている。この頃、郡山北麓で郡山城千浪郭群の発掘調査が行われている（吉田町教育委員会1981）。郡山城跡に係る最初の発掘調査である。

昭和63年（1988）、史跡郡山城跡は史跡指定地外にも遺構が広がることから指定地域の見直しが行なわれると共に、元就が幼少期を過したとされる多治比猿掛城跡もあわせて史跡の追加指定が行なわれ、名称も「毛利氏城跡」と変更される。これに伴い「史跡毛利氏城跡保存管理計画」（吉田町教育委員会1988）が策定されるが、この中で現地の再踏査が行われ、航空測量と地上測量を併用した両城跡の1,000分の1測量図が作成された。報告書では計270の郭とともに石垣などの遺構も詳細に記録され解説も加えられている（小都1988）。以後、現在に至るまで郡山城の基本的な資料として使用されている。

その後、郡山城や城下町について広く関心がもたれるようになり考古学や地理学など各方面からの調査が行われる（小都1989、前川ほか1991、渡邊1996など）。史料調査では、「郡山城絵図の基礎的考察」（秋山1993）が

ある。郡山城絵図と同時代史料の検討による郡山城と城下町の様子に迫る、史料調査ならではの緻密な研究である。

　平成2年、吉田町は広島県教育委員会と関係町が史跡の保存・活用を目指し計画した「中世遺跡保存整備事業」に参画し、郡山城跡保存整備事業（吉田町教育委員会 2002）を計画するが、平成13年の中世遺跡保存整備事業第1期10年計画終了に伴う事業計画の見直しにより事業は休止されることとなり、郡山城跡については事業に着手しないまま現在に至っている（広島県教育委員会 2002b）。

　平成8年、広島県教育委員会の『広島県中世城館遺跡総合調査報告書』全4冊（広島県教育委員会 1993～96）が発行される。県内城館の悉皆調査で、1,315カ所の城館の位置、概要とその大半で略測図が掲載され、以後の城館研究の基礎資料となる。さらに総括では地表面調査と発掘調査、史料調査の成果がまとめられており、以後の城館研究に新たな方向が示された。

　平成9年のNHK大河ドラマ「毛利元就」の放映に伴い、毛利元就に関わる図書が多数発行されたが、郡山城跡に係る新たな研究成果の報告は少ない。この時期の研究として、史料調査では「郡山城と吉田を再考する」（秋山 1996）、「郡山城と城下町吉田」（木村 1997a）、「郡山城とその城下の構造」（秋山 1998）、「新史料から郡山城の構造を探る」（秋山 2001）などがあり、郡山の変遷と構造、城下町の姿などについて史料により具体的に示されている。この多くはそれぞれをテーマとして地元の吉田町歴史民俗資料館で企画展が行われており、最新の郡山城研究の成果を公開している。地表面調査では戦国考古学の一例として「郡山城」をとりあげたもの（小都 1989）、各地の戦国大名と城を特集したシリーズの毛利氏にかかる『毛利の城と戦略』にある「毛利氏の成長を示す郡山城」など郡山城に係る一連の報告（小都 1997）がある。この時期、発掘調査では郡山城跡南麓の伝御里屋敷跡推定地の試掘調査（広島県教育委員会 1994）や、開発事業に係る郡山城下町の発掘調査（広島県埋蔵文化財調査センター 1993・95）、郡山城の西側を区切る大通院谷遺跡の発掘調査（吉田町地域振興事業団 2002・03）が行われており、とくに後者では4年間にわたる約17,000㎡の発掘調査で、

16世紀後半を中心とする約20万点の出土遺物とともに、郡山城西側を区切る堀や、その外側の武家屋敷群などが明らかにされている。同時期、県と関係町による中世遺跡保存整備事業に係る万徳院跡、吉川元春館跡、小倉山城跡の発掘調査（広島県教育委員会2002b）とともに、発掘調査による城館跡の考古学的調査が急激に進展することとなった。

　その後の郡山城跡の研究は、博物館の企画展に係る『毛利輝元と二つの城』（広島城ほか2003）、『郡山城』（安芸高田市吉田歴史民俗資料館2007）など博物館図録でまとめられており、発掘調査では災害復旧工事に係る郡山城西谷地点の調査（安芸高田市教育委員会2009）がある。この調査では山麓にも石垣や通路があること、また郭の造成に版築が行われていることが確認されている。地表面調査では「郡山城跡の構造的研究」（小都2005）、史料調査の成果を加えた「本拠の変遷−毛利氏を中心として−」（小都2009）、「毛利元就の二つの城」（小都2015）などがある。

　最近では、郡山合戦時の郡山城を囲む陣城群の調査（安芸高田市歴史民俗博物館2015a、秋本2019）や郡山城採集遺物の調査（郡山城跡採集遺物調査会2018）など幅広い視点からの調査研究があり、地表面観察でも赤色立体図の活用による新たな郭の発見もある。とくに後者では森林で保護された地表面をより詳細に観察できるようになり、穏やかな景観とは異なる郡山の険しい自然地形や新発見の郭や通路、立体的に見る郡山城の構造など、今後の調査・研究に新たな展望が開けるものと思われる。郡山城跡の調査研究は新たな展開を迎えつつある。

第2章　郡山城の現状

1　遺構の概要

　郡山城は広島市から北西へ約45㎞の安芸高田市吉田町吉田にある。吉田盆地は中国山地の南にありながら日本海にそそぐ江の川上流の可愛川に面し、北から多治比川が合流して肥沃な耕地が広がる。吉田は江の川による山陰との交流だけでなく、南の峠を越した三篠川から太田川を経由して瀬戸内海にも通じる交通・交易の要衝でもある。

　古代の郡山周辺は、大通院谷遺跡の官衙遺構（吉田町地域振興事業団2003）や郡山城下町遺跡での「高宮郡司解占部連千足」木簡の発見（広島県埋蔵文化財調査センター1995）、さらに「郡（こおり）」の名もあり、高宮郡衙があったことが推定され、中世には吉田荘の中心吉田郷があった。

　郡山城は吉田盆地の北側を画す郡山にある。周辺には西北約4㎞の多治比川上流に元就が家督相続まで過ごした多治比猿掛城があり、西南約4㎞の可愛川上流には毛利氏に関わる琴崎城、鈴尾城、桂城などもある。

　郡山城を巡っては天文9年（1540）の郡山合戦に係る尼子軍の風越山城、青山城、三塚山城が知られているが、近年周辺の調査が進み、郡山城西側には風越山城と青山城の間に岩室城、高猿城、甲田城、宮崎城などが2㎞にわたり連なり、郡山城東側の可愛川対岸の尾根上には田淵ケ城、吉常ケ城、高塚山城などが同様に連なっていることが確認されている（秋本2019）。これらは郡山城を挟んで対峙しており、西側の尼子軍に対し東側は「山田中山」に陣を置いた大内軍の陣と考えられている（安芸高田市歴史民俗博物館2015b　吉野2015、秋本2019）。

　郡山は標高390m、盆地からの比高190mで、東西約1.3㎞、南北約0.9㎞の流紋岩質の岩盤からなる独立峰だが、北側の甲山とは千浪の鞍部でつながる。盆地から望めば山容はなだらかで頂上はテーブル状に見えるが、それは頂上から放射状にのびる尾根によるもので、尾根に挟まれた谷は深く、

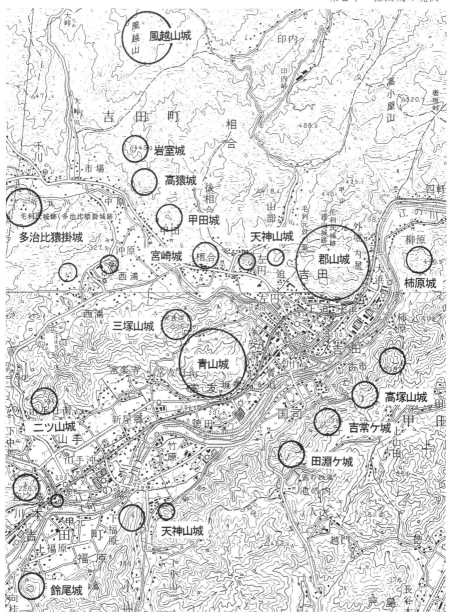

図2－1　郡山城の位置と城館分布図（1：50,000　国土地理院発行5万分の1地
　　　　形図、八重・可部に加筆）、郡山城を中心に北西と南東に陣城が連なる

斜面は 35°〜 45°の急傾斜となる。

　城は郡山全山と南側山麓を利用したもので、西・南側山麓には堀を巡らす。山上部分は尾根頂部を中心に、それから放射状にのびる 6 本の尾根、さらにそれからのびる支尾根やそれらに挟まれた谷を多数の郭や通路で結合させた複雑な構造をなし、山麓部分は内堀で画す。城は①山頂部の石垣を持つ広い郭群からなる中枢部、②山頂部（中枢部）から放射状にのびる尾根上に郭群を配置した内郭部、③内郭部外側の尾根上や斜面、先端部を利用した外郭部、④山麓から内堀までの微高地を利用して屋敷群を置いた周縁部に分けることができる。このうち中枢部と内郭部の郭は一部を除いて標高 350m 以上の高所にあり、東西 400m、南北 300m の範囲に連なり、外郭部は南側斜面を中心に広がる。城域は西側を除いて山麓まで広がる。

2　郡山城の郭の名称

　郡山城の郭には本丸、二の丸、三の丸などの呼称がある。同時代史料では明らかではないが、地元では古くから使われ現在も使用されて現地に石柱や案内板も建てられている。この呼称の初源は明らかでないが、宝永 2 年（1705）の『高田郡村々覚書』の「郡山」の項には、大手・惣廻りから御本丸・二の丸・御三の丸などの記載があり、天保 5 年（1834）の『よしだめぐり』の「芸州吉田毛利公古城蹟郡山略図」（復刻版の「郡山略図」による）には郡山城跡鳥瞰図に郭の位置も示されている。少なくともこの時期には郭の呼称が現地で使われていたものと考えられる。その後、文久 2 年（1862）郡山山麓の浅野内証分家の陣屋「御本館」建設に伴い郡山の防備・再城塞化のために測量（「郡山量地図」）が行われるが、ここでは本丸・二の丸などの呼称は示されず、山頂部の素峰を中心に四方の尾根に北から時計回りで子峰・丑峰・寅峰など十二支で示され、個別の郭は十二支の番・級で名称がつけられている。あくまで測量中心の呼称である。

　本書は史跡毛利氏城跡保存管理計画策定に伴って行われた郡山城跡測量図をもとに記述するが、郭を特定するためには郭の名称が必要である。そこで本書ではそれが当時の呼称ではないとはしても、地元で古くから伝え

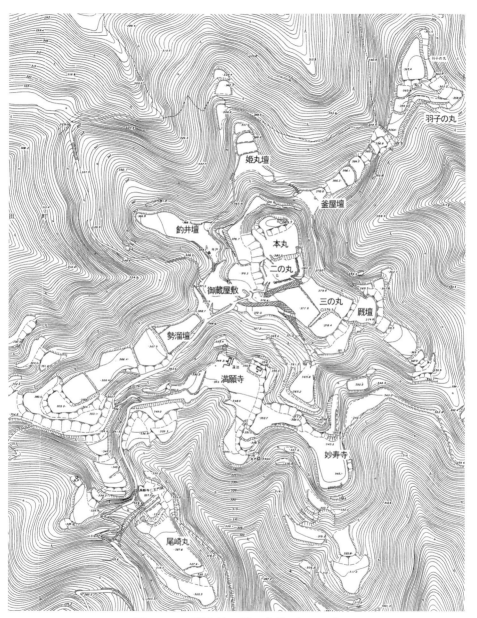

図２－２ 郡山城の郭の名称（1:3,000）

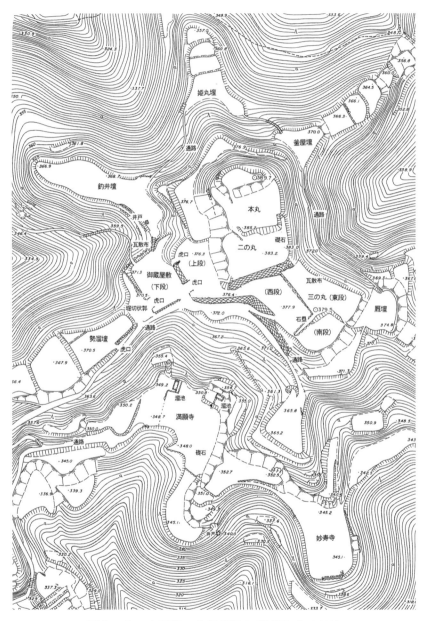

図2－3　中枢部・内郭部推定復元図（1:2,000）

表１−１　郡山城郭一覧表

位置	郭数	面積（㎡）	主要な郭（地元の呼称）
素峰	7	4,500	本丸、二の丸、三の丸、御蔵屋敷
子峰	16	2,460	釜屋壇、羽子の丸
丑峰	−	−	
寅峰	5	1,640	
卯峰	25	4,000	厩壇、馬場
辰峰	30	7,200	妙寿寺、（満願寺）
巳峰	16	4,000	本城
午峰	26	3,800	尾崎丸
未峰	9	1,600	
申峰	18	5,160	勢溜壇、矢倉壇
酉峰	17	2,200	一位の壇
戌峰	3	2,300	釣井壇、（妙玖庵）
亥峰	7	940	姫丸壇
谷	91	6,500	難波谷、洞春寺谷など
計	270	70,000	

られ、現地に石柱や案内板もあり広く周知されている本丸・二の丸などの呼称を用い、位置を示す場合は「郡山量地図」に示された素峰、子峰などを用いることとする。

　主要な郭は、素峰に本丸・二の丸など、子峰に釜屋壇・羽子の丸、卯峰に厩壇・馬場、辰峰に妙寿寺、巳峰に本城、午峰に尾崎丸、申峰に勢溜壇・矢倉壇、酉峰に一位の壇、戌峰に釣井壇、亥峰に姫丸壇などで、このほかに峰に挟まれた谷や南側の山麓にも郭や社寺などの遺構が残る。それぞれの郭とその位置は表１−１のとおりである。

3　各郭の概要

a　本丸　郡山山頂にある。７段からなる素峰の中心である。一辺約 35m

図2－4　（上）本丸上段（櫓台状の高まり）
　　　　　（下）二の丸から本丸・上段を見る

の方形をなし北端は一段高く櫓台状にしている。櫓台状の高まりは地山削り出しにより高さ 4 m、長さ 23m ×幅 10m が小山のように残る。この郭の最高所の標高は 389.7m である。本丸は櫓台状の高まりを囲むように両側にせり出し、南西側は二の丸のせり出しによって鍵の手に折れる。周囲に石垣は見られないが西側には切岸に列石が見られることから、かつては西側切岸に石垣があったものと思われる。

b　二の丸　本丸の南に連なり本丸とは約 2 m の比高差がある。本丸とは北西端にある石列で画した通路でつながる。東西 36m ×南北 20m、約 700㎡の広さがあり部分的に礎石が見られる。礎石の間隔は 2 m を測る。南側には高さ約 3.5 ～ 5 m の石垣の痕跡（石垣①）が残るが、この石垣は本丸同様西側にもあった可能性が高い。南の三の丸へは、二の丸南西端から御蔵屋敷上段に下り、東に折れる通路が考えられる。

c　三の丸　二の丸南側の 3.5 ～ 5 m 下位にある。東西 40m ×南北 47m、面積約 1,800㎡の城内最大の郭で、郭内は石垣や石塁、切盛の造成によりさらに 3 段に分割されている。このうち東段は 20m × 40m の広さをもち、礎石が見られるほか多量の瓦が採集される。南段は 22m × 13m の方形に削平している。これらに囲まれた西段は低位にあり、南段との間は石塁でへだて、東段とも高さ 1.5m の石垣（石垣⑦）で画している。西段では、北西隅から御蔵屋敷上段を経て二の丸への通路と、西側中央から三の丸西側を巡る帯郭を経て御蔵屋敷下段への通路がそれぞれのびている。西段は御蔵屋敷下段から三の丸、そして御蔵屋敷上段への虎口郭となる。この帯郭への通路は三の丸西側を区切る高さ 4 ～ 5 m の石垣（石垣②）をスロープ状に降りる構造となる。

d　御蔵屋敷上段　二の丸西側の 7 m 下位にある。20m × 20m の方形で北方へ本丸を巡る幅 3 ～ 8 m の帯郭となって約 90m 続く。南に三の丸からの通路、それに接して西の御蔵屋敷下段南側から石垣の間に開く階段と思われる通路、さらに北西隅にも御蔵屋敷下段からの虎口と思われる石垣の屈曲があり、三方に虎口を持つことになるが、南側の階段は三の丸からの通路に合流することから、このあたりに二の丸への通路が開いていた可能

図2-5　（上）三の丸全景、（下）三の丸東段

図2－6　（上）二の丸から御蔵屋敷上・下段を見る
　　　　（下）御蔵屋敷下段と崩壊した上段の石垣

性がある。西側の御蔵屋敷下段へは高さ5mの石垣が想定されるが破城により壊されている（石垣③）。北西面には切岸上部に低い石垣が約20mのび（石垣④）東に折れて10m続く。また南面には御蔵屋敷下段から三の丸西方まで高さ2〜5mの石垣（石垣②）が110m続く。いずれも上部が壊されている。

e　御蔵屋敷下段　御蔵屋敷上段の西5m下位にある30m×30mの方形の郭である。北西南の3方（石垣⑤）と上段側にも石垣（石垣③）があり、石垣に囲まれた郭で、北方には釣井壇と西麓への通路、西側には勢溜壇を区切る浅い堀切状の郭、南側には三の丸帯郭への通路と計4本の通路がのびる。上段と同様に中枢部の虎口郭で、上下2段の虎口郭となる。

　この石垣が巡らされた御蔵屋敷上・下段は背後に二の丸、本丸の石垣がそびえ、西側からの景観は圧倒的な迫力があり、西側大手からの防御とともに権威を示すための仕掛けとなっている。このように本丸から御蔵屋敷下段までの素峰の郭は郡山城の中心的郭群で、郭は大きく直線的で西側には御蔵屋敷下段・上段・二の丸と3重の石垣を巡らし虎口や通路の作りも巧妙で土造りの郡山城の中では特異な感じを受ける。なお、本丸の北側斜面や二の丸・三の丸の東側斜面では、青磁、白磁、青花などの貿易陶磁や土師質土器皿片などが採集されており、三の丸からは瓦が採集されている。貿易陶磁は16世紀後半のものが中心だが、本丸北側斜面では青磁琮形瓶や酒会壺など時期のさかのぼる威信財も特徴的に見られる。

f　釜屋壇　本丸（素峰）の東北方にのびる長い尾根（子峰）の基部を利用したもので、基部の段は20m×24m、面積約300㎡の台形をなし、本丸から15m下位にある。北は亥峰の姫丸壇へ、南は卯峰の厩壇へとそれぞれ通路が続く。釜屋壇を構成する郭は、これからそれぞれ2〜4mの比高差をもって5段続くが、それらの面積は50㎡から150㎡と基部の郭より小さく、石垣は見られない。

g　羽子の丸　釜屋壇先端の鞍部を幅7m、深さ3mの堀切で画し、その先端を利用したものである。先端頂部の郭から南へは1〜5mの比高差をもって3段、東へは1〜3mの比高差をもって3段があり、それらを

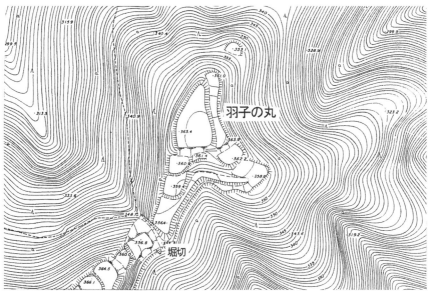

羽子の丸

堀切

図2－7　（上）羽子の丸測量図（1:2,500）、（下）羽子の丸の堀切

帯郭でつなぎ、さらに付郭を加えるなど堅固なつくりをなす。とくに頂部の郭は面積が650㎡と広く、独立した城であったことが考えられる。本丸からは艮の位置にあたり可愛川下流を見渡すことができる。なお、釜屋壇と羽子の丸を画す堀切は堀底道となって帯郭や姫丸壇へつながる。

　羽子の丸を北に下ると背後の甲山との鞍部にある千浪郭群に至る。千浪郭群では石垣で画した郭から掘立柱建物が検出されている。

h　厩壇　本丸（素峰）の東南方にのびる長さ約400mの長大な尾根（卯峰）にある。基部から尾根に沿う7段とそれから北に分かれる4段の郭からなる。最大の郭は基部から3番目の郭で約410㎡の広さがあり、それから下方へは帯郭状の小郭を並べる。基部の郭から子峰の釜屋壇へは通路がのび、南側辰峰の妙寿寺へも通路及びそれに伴う幅3～5mの付郭がある。

　この東には、幅約5mの堀切で画して階段状に8段の郭が並ぶ。先端部の長さ44mの大形の郭は馬場とよばれる。馬場の東にはさらに約40m離れて4段の郭を階段状にならべる。この郭群は山麓からの比高約120m、約45度の急斜面上にあり展望も開けることから、大手とされる難波谷及び東方の守りとして重要な位置を占めている。この他、厩壇から東へ派生する尾根（寅峰）先端にも郭がある。

i　妙寿寺　素峰の三の丸から南にのびる尾根（辰峰）にあり南は難波谷で画される。尾根上部を急に削った長さ41m×幅24m、広さ約1,000㎡の方形の大きな郭を中心に、それから東西へのびる幅10～15mの帯郭状の郭とそれらに伴う小郭群とからなる。この上部の三の丸との間に2段の郭があり、尾根先端にも9段の郭がある。難波谷の東側尾根にあり西側の尾崎丸とともに満願寺とその通路となる難波谷を強く意識したものと考えられる。

j　満願寺　妙寿寺と尾崎丸との間の難波谷谷頭にある。谷頭の窪みを造成して東西60m×南北30mの平坦面と南にのびる平坦面を作り、内部は1m前後の比高をもたせて3段に区切る。この入口は西側で、勢溜壇に沿う通路に続く。平坦面の山寄せ北側には、周囲を石垣で方形に画し水をたたえる4.0m×2.5mと4.5m×2.3mの2基の溜池がある。このうち東

図2-8　（上）満願寺遺構分布図（1:1,000)、（下）満願寺全景（東より）

側溜池は、平坦地より1段高い段上に造られ、水は東側溜池から細い石組水路と滝石組を伝って平坦地東側の池状の窪みに落しており、庭園の池に水を流すための溜池と考えられる。庭園の南には一辺60cm大の大型の礎石が複数見られ大型の礎石建物があったものと思われる。これに対し西側溜池は石敷がなされ、周囲にはテラス状に方形に囲む石列がある。溜池から南側へ排水路がのびることから用水と思われる。このように満願寺は西側から入るが、手前に用水がある生活空間、その東奥に大型の礎石建物と池をもつ庭園からなる中心的空間があったことが想定できる。この郭からは土師質土器鍋・皿・小皿や青磁・青花・朝鮮半島産陶器などの破片が採集されているが、中枢部のものより古手のものが多い。満願寺の西には帯郭状に連なる2段と、谷を利用した2段の郭がある。

　満願寺は奈良時代の創建とされるが詳細は明らかでない。ただ、10世紀の作とされる木造千手十一面観音菩薩立像が地元寺院に伝わる。毛利氏の祈願寺として大永3年（1523）の元就の郡山入城に係る記録、永禄11年（1568）の益田元祥元服式に係る祝の能狂言の開催など記録も多い（吉田町歴史民俗資料館1996）。城内の他の郭と異なり、湧水のある谷頭に立地することや、庭園をもつ大型建物など、施設の内容、配置、構造などから、この郭を寺院に比定することには矛盾はない。こうした例は安芸の中世寺院には比較的多く見られる。

k　尾崎丸　本丸（素峰）から南西にのびる勢溜壇（申峰）から南東に分かれた午峰にある。中腹を堀切で画し独立した郭群で大小6段からなる。中心をなす尾崎丸は、長さ42m×幅20m、面積約800㎡で、北側は堀切と土塁で画す。内郭部で堀切と土塁を伴うのはここだけで、堀切の北側にも郭があるが、これは満願寺の仁王門と伝えられる。尾崎丸の下には小さな付郭と帯郭を配置している。さらに下にも大きな郭がみられるが、これと尾崎丸基部の堀切とは尾根の両側の通路状の帯郭でつながり郭群の独立性を高めている。この尾崎丸は記録にある「尾崎（隆元）」の居所と考えられている。尾崎丸から堀切を隔てた上部には9段からなる尾崎丸上郭群があり、尾崎丸から約35m下位にも大形の郭を中心とした9段の郭があ

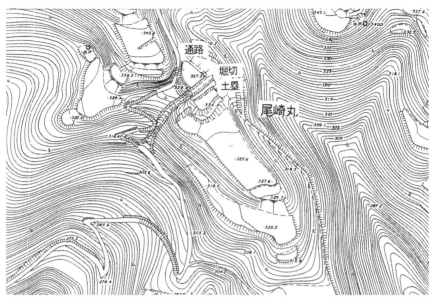

図2－9　（上）尾崎丸測量図（1:2,500）、（下）尾崎丸全景（上段より）

図 2 - 10 （上）尾崎丸下段、（下）尾崎丸上段と背後の通路

る。この郭は先端の郭以下が約 45 度の傾斜で切立っており、吉田盆地に面することから見張所的意味の強いものと考えられる。

｜　**本城**　尾崎丸から南東へ約 200m 離れた午峰先端の巳峰にある。背後

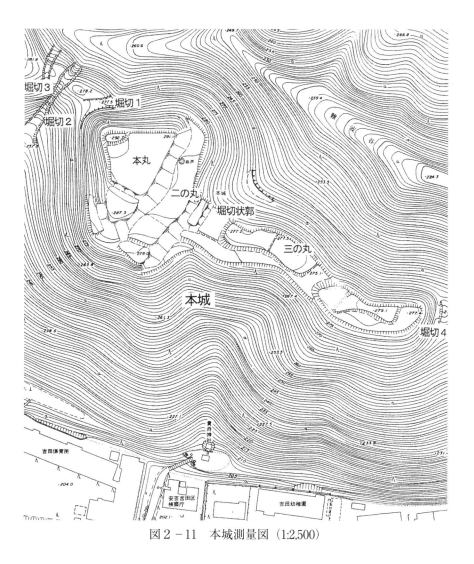

図 2 − 11　本城測量図（1:2,500）

図2−12 （上）本城遠景（東側の可愛川対岸より）
　　　　（下）本城の浅い堀切状郭から二の丸、本丸を見る

図2−13　（上）本城の本丸、（下）本城の二の丸

の高所には満願寺があり、山麓には難波明神もある神仏に守られた位置にある。背後を３本の堀切で画して本丸をおき、それから東側の尾根先端に向け階段状に16段の郭を連ねる。本丸の水田面からの比高は90m、背後の堀切からは15mある。本丸は一辺37mの不整形をなし背後に幅４m、長さ10mの土塁を付ける。本城の中では最も広く南に２段の付郭がある。二の丸は本丸の東に連なる郭で、本丸とは９m下にある。長さ70mの長大な郭で北寄りに井戸があり、周辺から備前焼擂鉢片が採集されている。この井戸は埋没しているが、石積で2.1m×2.7mの長円形のプランをなす。それから東へは１段下った付郭を経て浅い堀切状の郭に至るが、この造りは中枢部の御蔵屋敷下段下の浅い堀切状の郭に類似しており、ここから本丸へは付郭と二の丸、本丸の３重の高い切岸がそそり立つ。ここから東へは三の丸と呼ばれる２段の郭があり、さらに東を浅い堀切状の郭で区切って不整形な郭を置き、先端は堀切で区切っている。本城は西側の本丸から浅い堀切状の郭までは郭が大きく整っているのに対し、東側の尾根先端部の郭は自然地形が残っており様相が異なる。当初、先端部だけの小規模な臨時施設であったものを西側に拡張、さらに改修を行って恒常的な城（本城）とした可能性がある。尾根先端部の麓は可愛川に面した微高地で大浜の地名があり、かつては船運の湊があったとされる。また、山麓には楽音寺の古神明帳に記された（『芸藩通志』巻66）難波明神（難波神社）もある。大浜には古くから集落があり屋敷もあった可能性がある。

　このように本城は、長さ400mの尾根上の約6,000㎡を直線的に利用した城で、規模は大きくないものの構造的にはまとまっている。県内における16世紀前半までの国人領主の本拠城の形態を備えているといってよい。この登城道は北側の難波谷から本城二の丸への山道が推定される。なお、天文年間の隆元書状では隆元のいる「本城」と元就がいる「嵩」とは遠くて不便であること、また本城には「二重・中・固屋」があったことが記されている（『毛利家文書』750）。

m　勢溜壇　素峰から南西へ長くのびる尾根（申峰）にある。素峰の御蔵屋敷下段とは浅い堀切状の郭で区切って独立させている。郭群は、尾根に

図2－14　（上）勢溜壇　広い郭が連なる
　　　　　（下）勢溜壇への虎口

図2-15 （上）釣井壇（西より、背後は御蔵屋敷上段の切岸）
　　　　（下）釣井壇の井戸

沿い比高差約1mで面積500〜700㎡の郭を4段連ね、その先端にこれら
を取り巻く帯郭状の郭を3段、さらにその先端には付郭を加えている。こ
の郭群は個別の郭の規模も大きいがそれを併せた全体規模も大きい。この
郭群に沿って御蔵屋敷下段下の浅い堀切状の郭へのびる通路があり、通路
から郭への虎口や切岸には部分的に石垣が見られる。御蔵屋敷下段を中枢
部の虎口郭と考えるならこの通路が大手となり、勢溜壇郭群はそれを守る
郭となる。

n　**矢倉壇**　勢溜壇からさらに20m下位にある。やや広い郭を中心に8段
からなる。郭の規模は小さいものが多い。

o　**釣井壇**　本丸（素峰）の西にのびる尾根（戌峰）にある。長さ75m×
幅15m、面積約1,000㎡の長大な郭で、南側の御蔵屋敷下段寄りに直径1.5m、
深さ4m以上の石組井戸がある。急な南側の切岸には2〜4段にセット
バックした石垣（石垣⑧）が見られる。単独でも素峰の守りとなるが、南
へは御蔵屋敷下段、北へは姫丸壇へそれぞれ通路でつながる。

p　**姫丸壇**　本丸から北にのびる尾根（亥峰）にある。比高差のない3段
の郭とその下にも3段がある。基部の郭の西側には一部に石垣も残る。

q　**難波谷**　難波谷は卯・辰・巳・午峰の間を通る郡山最大の谷である。
東側山麓の大浜から谷頭まで長さ約600m、比高は約120mある。大浜の
谷入口には難波神社があり、そこから本城の北側まで幅約1mの登山道
があり、それに沿って谷を石垣で画した郭状の段が7段見られる。そのま
ま登れば満願寺へ、南に折れ斜面を登れば本城の二の丸に至る。

r　**郡山南斜面**　郡山南斜面の本城の南麓には貴船神社があり、本城背後
の堀切に続く谷には荒神社と数段の郭、この西の郡山公園の地は興禅寺跡
とされる。興禅寺跡東の登山道改修時には、古銭、刀子を伴った埋葬人骨
が発見されている。さらに西の清神社は毛利氏の氏神である祇園社（清神
社）で、毛利氏による正中2年（1325）からの棟札が16枚残る（広島県
重要文化財「清神社棟札」）。この西上の斜面には毛利隆元の菩提寺で2段
の郭からなる常栄寺跡があり、北に接して隆元の墓がある。常栄寺跡東側
の斜面では豪雨災害に伴う発掘調査で版築による郭や石垣が発見された酉

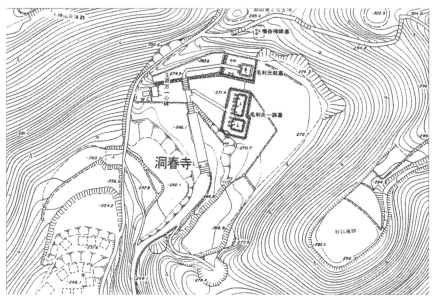

図2－16　（上）洞春寺測量図（1:2,500）、

　　　　（下）洞春寺（西側より）　左手の石垣の上に毛利元就の墓

谷遺跡がある。その西の大通院谷最奥部には大通院跡がある。面積約 1,000
㎡の大きな段とそれから下る谷に沿って一辺 20m 大の段を左右に数段ず
つならべたものである。なお、大通院の南側下流では大通院谷川砂防事業
に伴って発掘調査が行われた大通院谷遺跡がある。郡山山麓に沿って幅約
1.5 ～ 3.5m の堀（内堀）のほか、古代から近世にいたる様々な遺構が検出
されている。大通院谷から尾根を挟んだ西側の洞春寺谷最奥部には元就の
菩提寺である洞春寺跡がある。洞春寺は元亀 2 年（1571）の元就の葬儀の後、
天正元年（1573）輝元によって創建された。現状は洞春寺谷谷頭の幅 80m
×長さ 100m の範囲を等高線にそって三日月形に 7 段の平坦面に区切って
いるがいずれも不整形で往時の姿は明らかでない。元就の墓は寺跡北側の
一段高い場所にあり河原石による積石塚である。墓標として「はりいぶき」
が植えられている。墓所は明治 2 年に改修され、元就墓下段に、城下の秀
岳院跡から毛利興元、幸松丸と、妙寿寺跡から隆元夫人、大通院跡から先
祖合墓が集められ改葬されている（小都勇二 1975）。

ｓ　**郡山南山麓**　郡山の南側山麓には、市街地や水田面とは 2 ～ 3 ｍ 高い
幅 30 ～ 100m のテラス状の平坦面が見られる。ここには西から旧吉田少
年自然の家・県立吉田高等学校・吉田小学校・吉田保育所・旧吉田土木事
務所など公共施設などが並ぶが、幕末には県立吉田高等学校の位置に浅野
内証分家の陣屋「御本館」とその東西に家臣たちの屋敷地が造られていた
（安芸高田市歴史民俗博物館 2014）。水田面との境には部分的に堀跡が残り、
山麓を巡る試掘調査でも堀跡が部分的に続くことが確かめられており、堀
内の平坦面は水田面とは分離した郡山城の城内であったことが推定される。
このうち旧吉田少年自然の家の敷地は御里屋敷跡と伝えられ試掘調査が行
われたが（広島県教育委員会 1994）、大規模な館跡と推定されるものは検出
されていない。ただ「里」の呼称が伝えられ、立地的にも郡山城の西南山
麓にあり里近習衆が居住していた可能性は残る。

　堀跡は、後述するように郡山西麓の大通院谷遺跡で明らかになった内堀
から、南麓の旧吉田少年自然の家・吉田保育所などの前面で行われた試掘
調査で山麓を巡っていることが確かめられており（川尻 2009）、地積図や

空中写真による地理学的調査でも同所及び郡山東山麓まで幅20m前後の帯状に連なる特徴的な地割が確認されている（渡邊1996）。この地割は難波谷入口の大浜の微高地では東に湾曲して突出しており、難波谷入口が当時から屋敷地や集落として使用されていたことが想定される。なお、この北側の郡山東山麓には内堀の地名が残っている。

　このように郡山城は郡山山麓の内堀を城域の境界とするが、西側は大通院谷で区切られ、大通院谷の谷頭から釣井壇下の戌峰の鞍部を結ぶラインが城域の境界と考えられる。ちなみに戌峰鞍部の西側尾根上には大型の円墳である郡山1・2号古墳や伝妙玖庵があり、さらに西の尾根上には天神山古墳群、この間の洞春寺谷には洞春寺もある。郡山城に続く郡山の西側は、墳墓と認識されていた古墳を残すとともに寺院を建立するなど、日常の世界である城とは異なる非日常の世界となっていたことが考えられる。

t　城下町　堀外の吉田盆地は、清神社（祇園社）から南西方向にのびる道（祇園縄手）を基準としてそれと並行・直交する道（竪縄手）で整然と区画されている。祇園縄手に並行する道は香取縄手、巡礼堂縄手など6本あり、1町（110m）を単位としその倍数の220m〜340m間隔で見られる（小都1988）。竪縄手に沿っては、祇園縄手の西に三日市、東に六日市、巡礼堂縄手の南には十日市、新町など、史料に現れる地名が現在も残る。これらのことから郡山城在城時、城下には東西の中心街路とそれに直交する街路で区切られた都市計画がなされていたことがうかがわれる（小都2005）。この街路は郡山城などを描いた「吉田郡山御城下古図」など近世絵図にも示されているが（吉田町歴史民俗資料館1993）、現状とはやや異なる。祇園縄手と香取縄手の間で行われた長さ約300mに渡る発掘調査では、中世の遺構は香取縄手周辺で掘立柱建物1棟などが検出されただけで町屋が並ぶという状況ではない。また、これらの地割は古代の条里に伴う地割をもとに形成されていることが明らかにされている（広島県埋蔵文化財調査センター1993）。これら吉田盆地の中心部はその後も近世から現代にいたるまで吉田の中心市街地として継続して使用されている。

4　遺構の特色

　郡山城は東西約 1.3 km、南北約 0.9 km、高さ約 190m の独立峰をなす郡山全体を利用したもので、城域は北・東側は郡山山麓、南側は山麓の内堀、西側は大通院谷の内堀で区切られる。県内一の規模を持つが規模だけでなく郭の数もこれまで確認されたものだけで 270 段以上と多い。郭は基本的に土造りで尾根筋を利用して切り盛りして造成する。このため郭は自然地形に沿い曲線的で小さいが、山頂部では石垣を用いた大規模な郭も見られる。郭は自然地形に沿って中心的郭と付属の郭がセットとなり郭群を構成し、それぞれの郭群は通路により結ばれている。堀切や竪堀、土塁などの防御施設は少なく軍事施設としての緊張感は感じられない。

　郡山城は城内の位置や立地条件とそれから想定される機能によって、①山頂の城の中心となる中枢部、②それらを取り巻く山上の内郭部、③内郭部の外周で南側を中心として斜面に広がる外郭部と、④山麓の微高地である周縁部の 4 地区に分類することができる。

　中枢部（素峰）は、標高が概ね 370m 以上の山頂部に規模の大きい本丸、二の丸、三の丸、御蔵屋敷上段・下段をおく。内郭部の郭群とは 5 〜20m の比高差があり隔絶するとともに優位性、独立性が強い。郭群の西南側には高さ 2 〜 5 m の 3 重の石垣が見られる。本丸〜三の丸は大型の郭で階段状に連なり、御蔵屋敷上・下段を虎口郭としたまとまりをなす。

　内郭部（子・卯・辰・午・申・戌・亥峰など）は、中枢部から放射状にのびる標高が概ね 350 〜 360m 以上の主尾根上に、北から釜屋壇、厩壇、妙寿寺壇、勢溜壇、尾崎丸、釣井壇、姫丸壇と、難波谷谷頭に満願寺などが並ぶ。郭群は周囲から独立するがこれら相互には通路がめぐり独立しながらも輪状に連携して中枢部の防御機能を高めている。内郭部は、釣井壇や姫丸壇などで部分的に石垣が見られるものの、基本的には土の切り盛りだけの造成である。このなかで満願寺は中枢部直下にあり特異な位置を占めるが、これは郡山城拡張に当って、もともとあった満願寺を城に取り込んだためと考えられる。

　外郭部（寅・卯・巳・酉峰など）は、内郭部から派生した尾根に広がる。

勢溜壇の先端に矢倉壇、一位の壇、尾崎丸の先端に本城があり、釜屋壇の先端には羽子の丸がある。このうち本城と羽子の丸は、背後を掘り切った10～20段からなる独立した郭群となり、中心には本丸的役割を持つ郭をおいている。かつてはそれだけで独立した城であったことを考えさせる。

　周縁部（山麓）は、南側山麓をめぐる内堀で区画された微高地で、家臣団の屋敷地と考えられる。

　このように現在観察できる郡山城は、山頂の中枢部を内郭部、外郭部、周縁部が囲む求心的ピラミット構造で、毛利氏の権力を規模と高さを持った城という形で示したものといえる。しかし、内容的には、初期の様相を残す本城などの外郭部の独立した郭群、勢力が拡大し郡山を全体として縄張りした大規模城、最新技術による中枢部の石垣による改修と、時代と勢力の拡大に伴う3段階の変化があり、これこそが国人領主から戦国大名、そして豊臣大名となった毛利氏の発展段階を示したものということができる。それは満願寺など社寺の権威を借りる城（本城）から、社寺を城に取り込む段階（郡山城）への変化にも表れている。また、中枢部の石垣には廃城後の破城の痕跡もある。勢力の拡大とともに本拠を移動する例が多い安芸の城館の中で本拠地を移動せず拡大していった郡山城は、城の築城から拡張、改修に至る発展段階と共に廃城後の破城まで、城の一生を一つの城に残された遺構で観察することができる稀有の遺跡ということができる。

第3章 残された遺構

1 郭と切岸

　郭とは尾根や斜面を切り盛りして整えた平坦地で、この郭を防御するために削った急斜面を切岸という。郡山城では山頂部から山麓まで270段以上の郭が確認されている。そのほとんどは尾根上にあるが寺社などは谷地形にも造られる。これら山上の郭の総面積は約7万㎡にもなる。

　山頂・中枢部の郭群は周囲を石垣で直線的に囲んだ大型の郭からなり2〜5mの比高差を持って連続する。最大の郭は1,800㎡の広さを持つ三の丸で、本丸、二の丸も700㎡を越しその虎口となる御蔵屋敷上・下段も400㎡を越している。石垣を用いた造成のせいか郭の規模は大きい。

　中枢部からのびる尾根上（内・外郭部）には、地面を削っただけで石垣を用いない郭が数段から10数段の群となって連なる。郭の形状は尾根の自然地形を利用して不定形で、尾根幅の広い基部では大型の郭があるが、幅が細くなる尾根先端では郭も小さくなる傾向がある。内郭部の釜屋壇、厩壇、姫丸壇では基部の郭は300㎡を越すが先端部では100㎡以下しかない。これに対し大きな尾根にある勢溜壇では500㎡を超える郭が5段、300㎡を越す郭が4段と大型郭が連続し、釣井壇は1000㎡の郭が単独で見られる。これらの郭の比高差は0.5〜数mと多様で、自然地形をそのまま利用しながら造成したことがわかる。外郭部では本城や羽子の丸のように尾根先端背後を掘り切って独立した郭群とするものと、矢倉壇、一位の壇のように内郭部の郭から尾根斜面に沿って連続する郭群がある。前者では600〜800㎡の大型郭を中心にそれより小さい郭を付属させるが、後者では500㎡以下の小郭が連なることが多い。こうした郭の造成については尾根上部や斜面を切り、端部は盛土して造成することが県内各所の城館の郭の断割調査で確認されている。このほか後述する酉谷遺跡のように急斜面を高さ4mにわたって版築により埋め立て造成した郭もある。

図3−1　（上）本丸背後の切岸、（下）釣井壇南側の切岸

　全体として中枢部は郭が大きいこと、内郭部では勢溜壇に大型郭を並べるほかは地形に合わせていること、外郭部では位置と地形に合わせて本城や羽子の丸を独立させていることがわかる。また郭が群をなすことは郡山城の特色といえるが、群の構成は自然地形によるといってよい。内郭部の郭群は、石垣を持つ中枢部の郭群を5～20mの比高差で囲んでおり、構造だけでなく高さからも中枢部の優位、求心性を示している。

　これら尾根上の郭の防御の要となる切岸については、それぞれの郭は大きさ形態共に自然地形を利用して造成されており、35～45度程度の傾斜を持つ斜面尾根上を削平し成形するだけで両側は登頂が困難な急斜面となる。ただ、中枢部北・東側の切岸には一部成形が見られ、釣井壇南側の岩盤を利用した切岸には部分的に崩落防止と考えられる石垣（石垣⑧）が数段にわたって見られるなど、全体として何らかの成形が行われている可能性が高い。

　谷に立地する郭は、高所に立地する満願寺、洞春寺、大通院のほか、山麓の興禅寺、貴船神社など寺社が目立つ。高所の寺院は尾根に挟まれた谷頭を利用し、埋め立てて複数の段を持つ。中心となる壇は500㎡以上と大きく周囲に小郭を付属する。敷地内に湧水や谷川があるのが特徴的で、満願寺では石組の2基の溜池が庭園や用水に用いられ、大通院では谷川を利用し下流では郡山城の西側を画す堀になっている。同時期の寺院である吉川元長の菩提寺万徳院の発掘調査（広島県教育委員会2000）では谷川に挟まれた斜面を造成し、本堂・庫裏などの建物のほか谷川を利用した庭園も明らかにされている。城を構成する郭と寺院とでは役割が異なり立地も異なっていたものと思われる。

2　堀切

　尾根を遮断する堀切は城防御の要で、県内の城館では半数以上で見られる。しかし郡山城では独立峰のためか、大規模城にもかかわらず外郭部の本城、羽子の丸、尾崎丸の3カ所しか見られない。

　本城の堀切は、午峰の尾根先端近くの高さ15mの高まりの背後を切岸

図3−2　（上）本城背後の堀切
　　　　（下）本城背後の3重の堀切（細尾根が堀切で分断されている）

44

として掘り切り、そのさらに背後の細尾根にも深さ1～2mの堀切を2本加えている。中央の堀切は南に50mのびて竪堀となり、西側の堀切は中央を削り残して土橋としている。この3本の堀切で急斜面の尾根先端を独立させている。こうした連続堀切は猪掛城や仁後城など安芸高田市北部に特徴的に見られ、間隔をあけて細尾根を分断するものは多治比猿掛城や鈴尾城（安芸高田市）など郡山城の周辺にも見られる（安芸高田市歴史民俗博物館 2015a・b）。

羽子の丸の堀切は、子峰釜屋壇の先端を幅7m、深さ3mで区切るもので、先端には大型の郭を中心に7郭があり、本城と同様に独立した城となる。本丸からは鬼門の艮の方向となりここからは郡山城北方の峠や千浪郭群を見下ろすとともに東北方の可愛川下流を見渡すことができる。また、堀底は通路となって亥峰の姫丸壇や北麓の千浪郭群へつながる。

尾崎丸の堀切は、郡山城内郭部の勢溜壇と尾崎丸を区切るものだが、尾崎丸とは比高にして10mも高所にある。内側に土塁を伴うが尾崎丸の中心となる郭はそれから見下ろす位置にあり尾崎丸を防御するものとは考えにくい。この堀切に並行して勢溜壇や中枢部への通路があり、これは満願寺や本城にもつながる。あえてこの機能を考えるならこの通路と尾崎丸を分断するためかもしれない。この堀切は南にのび竪堀となる。郡山は流紋岩の地盤からなるが、急斜面では土石流などにより地山が抉れ竪堀状の窪みとなる。

尾根先端背後を掘り切り城域の区画とするものは安芸の城館では一般的で、吉川氏の小倉山城（北広島町）や宍戸氏の五龍城（安芸高田市）などの国人領主の城だけでなく、16世紀前半までの在地の小規模城や陣、砦でも防御施設としてよく用いられる。しかし、16世紀後半に新たに築城あるいは改修される吉川氏の日山城（北広島町）、小早川氏の新高山城（三原市）、平賀氏の頭崎城（東広島市）など独立峰を利用した大規模城ではそれほど顕著ではない。

図3－3　（上）尾崎丸の土塁（右）と堀切（左）、（下）三の丸の石塁

3　土塁と石塁

　土塁は本城本丸背後と尾崎丸背後の堀切に面して見られ、前者は長さ
10m、幅 4 m、高さ 1.5m と幅広で櫓台状をなし、後者は長さ 16m、幅 2 m、
高さ 2 m で郭側にテラスを伴う。いずれも堀切とセットになる。

　石塁は三の丸の西段と南段の境界に見られる。0.2 ～ 0.3m 大の角礫を積
んだもので、長さ 15m、幅 3 m、高さ 2 m を測り、北側の石垣（石垣⑦）
に続く。三の丸の区画に用いられたもので郡山城では他に確認されていな
い。吉川氏の日山城などに見られる郭の縁に防壁として巡らされる石塁と
は様相を異にする。

　安芸で土塁を持つ城館は比較的多いが、低いものは地表面調査だけでは
確認できないものもある。16 世紀前半までの中・小規模城に多く、屋敷
でも見られる。堀切と同様に防御的性格が強いが、より簡易な塀や柵など
との使い分けがあった可能性がある。石塁は主として 16 世紀後半に見ら
れる。

4　石垣と虎口

　石垣は中枢部の二の丸、三の丸、御蔵屋敷上・下段などに見られる。い
ずれも隅石や石垣上部が壊されており、石垣そのものが埋められたものも
ある。破城によるものと思われる。このうち高さ 5 m 程度のものは二の
丸南面（石垣①）、御蔵屋敷上段西面（石垣③）、三の丸西面（石垣②）で、
本丸西面にも石垣の痕跡と思われる列石（石垣⑨）が確認でき、同様な石
垣があったことが考えられる。

　二の丸南面の石垣①は、隅石と築石の大半が壊されているが、転落した
築石と裏込石から旧状を推定できる。石垣は三の丸郭面から立ち上げたも
ので、長さ 35m、高さは 3 ～ 5 m、勾配は急で石材は一辺が 0.5 ～ 1 m と
大きく、裏込石も 0.2m 大と大きい。西南隅が虎口となるらしいが、これ
から北の二の丸西斜面には現状では石垣が見られない。本丸西斜面北側に
一部列石が残る（石垣⑨）ことから、当初は二の丸西斜面にも石垣①に連
続する高さ 5 m 程度の石垣があったことが考えられる。なお、崩落石材

図3－4　（上）石垣位置図
（下）浅い堀切状の郭から東側の二の丸方向を見る（石垣⑤③と二の丸の切岸）

図3－5　（上）二の丸南面石垣（石垣①）。築石が壊され崩落
　　　　（下）三の丸西面のスロープ状の通路と石垣（石垣②）。立石がある

図3－6 （上）御蔵屋敷上段南半西面石垣（石垣③）
　　　　（下）同北側虎口

図3－7　（上）御蔵屋敷上段北半北面石垣（石垣④）
　　　　（下）御蔵屋敷下段西面石垣の虎口（石垣⑤）

図3－8　（上）三の丸の西段と東段を分ける石垣（石垣⑦）
　　　　（下）釣井壇西面の階段状石垣（石垣⑧）

図3-9　（上）本丸西面の石垣痕跡（切岸に列石が残る、石垣⑨）
　　　　（下）厩壇の石垣

に小さな矢穴を持つものがあるが、これは近世末の石材採取によるものと考えられる。

　三の丸西面の石垣②も大半が崩されているが、御蔵屋敷上段西面の石垣③から続き長さ40m以上、高さは三の丸下の帯郭から4～5mが推定される。中央に三の丸下の帯郭から三の丸へ登るスロープ状の通路があり、三の丸側には築石が残る。スロープは長さ15m、幅3mを測る。スロープ周辺の築石は1.9m×1.0m大の大石を立て、両側に0.4～0.8m大の石を横積している。目立つ位置に大石を置いたものと考えられ、転石の中にも1mを超えるものがある。

　御蔵屋敷上段南半西面の石垣③は、主として裏込石の分布から、長さ20m、高さ5mが推定される。北側には東西方向で0.5～0.7m大の築石が残ることから、北端は東に直角に曲がって虎口となるらしいが、これから北は埋められている。南側も石垣が途切れ東に折れており、その延長には三の丸西面の石垣②があることからここも虎口の可能性がある。ということは30m×20mの御蔵屋敷上段南半の三方が石垣で、先述のように東側の二の丸にも石垣があったとすれば四方を石垣で囲んでいたことになる。

　御蔵屋敷上段北半を画す石垣④は、石垣③の虎口付近から北方へ30mのび、それから東に折れて15mのびる。この石垣は御蔵屋敷上段のほかの石垣と異なり斜面中腹に築いたもので、現状では高さ1～1.5mで2～3段が残るが、当初は2～3mの高さがあったものと考えられる。0.4～0.8m大の石を横積しており、積み方は三の丸西面の石垣②に類似する。

　御蔵屋敷下段にも30m×20mの方形の郭を囲む高さ2mの石垣⑤がある。低いためか勾配はないが立石が見られる。勢溜壇とを区切る浅い堀切状の郭に面した西面南側に虎口を開くらしい。北側は崩壊が激しいが斜面で瓦が採集できる。

　これと同様な低い石垣は浅い堀切状の郭を隔てた勢溜壇にも見られ（石垣⑥）、三の丸では郭内を東西に分割する段に見られる（石垣⑦）。

　釣井壇では流紋岩盤を削った南側の急斜面に、長さ約10m、高さ0.5～0.8mの石垣が岩盤を利用しながら2～3段、斜面に沿ってセットバック

して見られる（石垣⑧）。急斜面の岩盤を利用した切岸の補強と考えられる。こうしたセットバックの石垣例は郡山城周縁部の西谷遺跡でも見られる。

　なお、本丸については、本丸西斜面北側に一部列石が残っており（石垣⑨）、城破があったことを想定すれば、当初は高さ5m程度の石垣があったことが考えられる。

　この他、斜面の補強と思われる石垣は釣井壇北側切岸や姫丸壇、厩壇などの基部にも部分的に見られる。

　このように中枢部の郭には西・南側を中心に石垣が築かれているが、本丸・二の丸間の切岸と中枢部裏側に当たる北・東側切岸には石垣の痕跡がない。岩盤を削っただけで当初から築かれていないと思われるがその意味については明らかでない。

　なお、石垣に見られる破城の痕跡は各郭の西側部分、すなわち浅い堀切状の郭から見える部分で顕著である。上段（本丸・二の丸）では裏込石を含めほぼ全ての石を壊し石材がほとんど見られないのに対し、中段（御蔵屋敷上段）では築石は見られないものの裏込石は残存、一部は埋められており、下段（御蔵屋敷下段）では裏込石だけでなく築石も一部残存している。中枢部でも本丸・二の丸など上段中心部ほど破壊が厳重に行われたことがわかる。

　これら石垣は、石材が大きく矢穴を持たないこと、裏込石に比較的大きな石を用いていることが明らかだが、全体的に破城による崩壊が激しく積み方が明らかなものは少ない。形状などからあえて分類すると、a 高さが5m前後で郭を画す石垣①、②、③、b 高さが1.5～2mで方形区画を意識した石垣⑤、⑥、⑦、c 斜面の中腹で斜面を補強した石垣④、d 急斜面に低い石垣をセットバックしながら積み上げる石垣⑧、e 斜面の補強・土止めとして築かれたもの（厩壇の石垣など）に分けられる。石垣には①、②、③、⑤に虎口がつくことが想定され、積み方では②、⑤、⑥で立石とともに横積が見られ、吉川元春館跡（北広島町）など吉川氏関係遺跡の石垣（木村1996c）との類似が知られる。これらは形状・石積に若干の差はあるものの、全体とすれば通路や虎口と一体的に設計されており時期差はそれほ

どない。すなわち吉川元春館の石垣が築造された天正10年代のものと考えられるが、斜面の補強、土止めと考えられる e についてはこれよりさかのぼる可能性がある。

安芸では中世城館の1割弱に石垣があることが知られている。このうち高さが5mを越すものは毛利氏の郡山城と小早川氏の新高山城で、城は16世紀末の慶長年間まで使用されている。新高山城の石垣は虎口を中心に山頂部に広く見られるが、大石を用いた高さ5mを越す石垣は本丸にある。16世紀後半まで使用された吉川氏の日山城や宍戸氏の五龍城、熊谷氏の高松山城（広島市）、平賀氏の頭崎城、天野氏の生城山城（東広島市）などにも石垣が見られるが、高さは2m程度と低く、多くは隅石も明らかでない。さらにこれらよりさかのぼる中小領主城館の発掘調査でも土止めを目的とした小規模な石垣や貼石が検出されている。これらは表面だけに石積または貼石したもので裏込は見られない。屋敷では16世紀中頃から後半とされる大通院谷遺跡で高さ1～2mの石垣、天正10年代とされる吉川元春館では高さ3mを越す石垣が調査されており、熊谷氏土居屋敷（広島市）にも大石を用いた石垣がある。16世紀前半までの方形館や館城では周囲の土塁に貼石をしたものも見られる。これらの時期差については明らかでないが、大まかには斜面の補強や土止めの石垣から面を持つ低い石垣に、さらに高い石垣に発展したようで、16世紀後半には高さ2m程度まで、織豊系城郭の石垣が伝えられた16世紀末には高さ5mの石垣も見られるようである。

こうしてみると郡山城の石垣は、中枢部の郭の造成に伴い切岸の補強で築かれた段階と、中枢部を整備し西・南側に石垣を巡らせた段階の2時期があり、高さ5mを越す石垣は後者の時期すなわち天正年間に築かれた可能性が高い。後者の石垣は、浅い堀切状の郭から本丸・二の丸方向を眺めた時、手前に虎口を持つ御蔵屋敷下段の石垣⑤があり、その後方上段に同じく虎口を持つ御蔵屋敷上段の高石垣③とそれを挟む北側の石垣④、東側の石垣②を見渡すことができ、さらにその背後の最上段に7～10mの高さでそびえる本丸・二の丸の石垣があり、次第に高くなる3重の石垣が

高さ20m近い壁となり圧倒的な迫力を持つことになる。登城道から中枢部に至り、中枢部の虎口となる浅い堀切状の郭からの中枢部郭群の眺めは毛利氏の圧倒的な権力を示すことになり、これこそ毛利氏の石垣構築の意義と考えられる。

5　通路

　現在の郡山城の登城路は、西側の大通院谷から毛利元就墓所（洞春寺跡）を経由し、尾根筋を上って釣井壇の南下から御蔵屋敷下段に至るコースと、南側の吉田小学校から郡山公園（興禅寺跡）を経由し、尾崎丸、勢溜壇から御蔵屋敷下段に至るコースの2本がある。これらの道が郡山城存続時までさかのぼるか否かは明らかでないが、文久2年（1862）年の「郡山量地図」には記載があり、少なくとも幕末には使われていたらしい。

　これに対し郡山城存続時に使われていたと考えられる登城路は、東側の難波谷からの道と南側の西谷遺跡からの道が考えられる。難波谷からの道は現在山道となっているが、大浜集落から難波谷、本城の北斜面を経由し尾崎丸背後に合流する道である。この道からは16世紀前半以前の土師質土器小皿・坏・大皿が採集されており、郡山城が拡張される以前から満願寺への参道などとして使われていた可能性が高い。また、南側西谷遺跡からの道は、西谷遺跡で石垣を伴う通路が検出されており、これは郡山城の「里」が想定される周縁部の直上にあって、道は常栄寺に続く。郡山山麓で石垣が発見されたのは西谷遺跡だけであり、中枢部の石垣による改修に伴い登城道の入口も石垣に改修された可能性がある。難波谷からの道は山上の満願寺への古くからの登城路であり、西谷遺跡の道は郡山城の拡張から改修に伴う新しい登城路と考えられる。

　城内の通路を見ると、尾崎丸から本丸にかけての通路は各郭との連絡や想定される虎口などから当時の姿を残している可能性が高い。尾崎丸を画す堀切を通る幅広の通路は斜面に沿って山上にのびるが、途中で谷を渡って満願寺へ通ずる道と中枢部へ向かう道とに分かれる。中枢部への道は長大な勢溜壇郭群に沿って幅約3mで続き、御蔵屋敷下段との間を区切る

図3－10　（上）勢溜壇に並行する通路（左側が勢溜壇）
　　　　　　（下）三の丸石垣中を上る三の丸への通路（スロープ）

図 3 −11　（上）三の丸西段から御蔵屋敷上段への通路
　　　　　（下）中枢部を囲む通路（二の丸の東下）

浅い堀切状の郭に至る。ここで通路は御蔵屋敷下段の虎口（石垣⑤）から御蔵屋敷下段に入るものと、下段南側の通路を経て三の丸下（石垣②）の帯郭へつながるものに分かれる。御蔵屋敷下段からは上段（石垣③）に南北２カ所の虎口があり、さらに北側の釣井壇へも通路がつながる。また三の丸下の帯郭はそのまま東南方に三の丸下を巡るものと三の丸南の石垣（石垣②）を三の丸にスロープで登る通路に分かれ、三の丸に登った後、石垣①と石垣②の間を通って上段に至る。上段からは二の丸、そして本丸へと登るらしい。すなわち、中枢部の本丸、二の丸、三の丸に至るには、浅い堀切状の郭から御蔵屋敷下段に入りそのまま平入で御蔵屋敷上段に入るコースと、下段に入らず南側の通路から三の丸下の帯郭を通り三の丸を経由して御蔵屋敷上段に入るコースがあることがわかる。さらに御蔵屋敷下段は中枢部を囲む内郭部の郭群との連絡通路の起点となっている。御蔵屋敷下段は郡山城中枢部の最も重要な郭ということができる。これらの通路は城域が山頂部に広がった16世紀後半以後のものだが、なかでも中枢部の複雑な通路は石垣による郭の改修に伴うもの、すなわち天正年間以降のものと考えられる。

　これら中枢部の幅広の通路のほか、中枢部を囲む切岸には内郭部の郭群をつなぐ幅の狭い通路がある。御蔵屋敷下段を起点とすると釣井壇、姫丸壇、釜屋壇、厩壇をめぐり三の丸下の帯郭から御蔵屋敷下段に至る。

　石垣が見られない場所で通路を探すのは、後世の改変もあり地表面観察だけでは困難である。このなかで新高山城（三原市）、頭崎城、鏡山城（以上東広島市）などでは虎口から通路が推定されている。発掘調査では、小倉山城本丸郭群で郭の端から礎石や掘立柱の門が検出され、それにつながる通路が調査されている（平川2009）。郭をつなぐ通路は岡城や狐ケ城（以上東広島市）でも掘立柱の門の検出からそのルートが推定されているが、こうした発掘調査例は少ない。

6　建物と庭園・井戸

　発掘調査が行われていないため建物は明らかでないが、礎石は二の丸、

図3-12　(上)二の丸の礎石、(下)満願寺東側溜池からの鑓水(手前)と滝石組(奥)

三の丸、満願寺で見られる。等間隔で並ぶものも観察できるがイノシシなどによる掘削により移動したものもある。二の丸、三の丸の礎石は 0.3 〜 0.4m 大の平石でそれほど大きくなく、礎石間隔も 2m 程度である。満願寺の広大な敷地には礎石が散乱するが、原位置を保っているのは東側で、ここでは 0.6m 大の大石を利用し礎石間隔も広い。瓦は、三の丸東段と御蔵屋敷下段で採集されている。これらでは瓦葺の礎石建物があったことがわかる。中枢部は石垣で改修されたにも関わらず瓦葺き建物が少ないようで、とくに本丸、二の丸から瓦が採集されないことは中枢部郭群でも郭ごとに機能による建物の使い分けがあったことが想定される。

　また、満願寺には北側山寄りに方形の溜池が 2 基ある。東側の溜池は境内北東端を石垣で画して 12m × 8m、高さ 1.8m の段をつくり、その中に 4.5m × 2.3m の方形の池を築いている。池の西南端から南に長さ 3.5m、幅 0.2m の水路をつけ、南の境内地に水を流している。水路下端には滝石組と考えられる立石があり、水路は上部の池から下部の滝に水を流す鑓水としていたらしい。滝石組前面の境内地は現在でも湿地となっており、池があった可能性が高い。この南側の境内地には先述のように大石を用いた礎石が見られ、この建物から北側の庭園を眺めたものと考えられる。西側の溜池は 4.0m × 2.5m の方形で石敷がなされ、東・南側に幅 1m のテラスを伴い西南端から南側に石組の排水路を持つ。用水の溜桝と思われる。いずれも現状で水をたたえており、谷頭の湧水を利用したものである。

　井戸は釣井壇と尾崎丸上段、本城の二の丸、満願寺南側先端下などにある。いずれも石組で、釣井壇の井戸は直径 1.5m の円形、深さは 4m まで確認できる。その他の井戸は埋没している。

7　残された遺構

　残された遺構には次のような特徴がある。

　郭は自然地形を利用したもので尾根筋を利用することが多く、切盛の造成を基本とする。そのため個々の郭は不整形で、郭の形状や郭群の構成は所在する位置によって異なるが、全体としてはそれをうまく組み合わせ一

体としている。とくに中心となる中枢部については、石垣を築いて周囲を直線化し郭を拡大して配置を変えるなど郭の機能を高めている。

　堀切や土塁などの防御施設は極端に少ない。堀切は本城と羽子の丸、尾崎丸にある。前者の本城と羽子の丸は外郭部先端を掘り切ったもので、中心的郭の周りに複数の郭を配置し独立した城としている。いずれも16世紀前半以前の国人領主の城として遜色なく、本城は郡山城の前身となっている。後者の尾崎丸の堀切は内郭部にあり土塁を伴い特異な存在だが、当主隆元の居所としての整備とともに満願寺への通路も意識したものと考えられる。

　石垣は破城により壊され石垣上部や隅は残存しないが、中枢部に特徴的に見られる。中枢部は上段の本丸・二の丸と中段の御蔵屋敷上段・三ノ丸、下段の御蔵屋敷下段の3段からなるが、この西南側はそれぞれ石垣が築かれ西南側からの眺望を意識したことがわかる。石垣は基本的に郭面からそのまま積み上げるが、高いものと低いものがあり、斜面の上部や中腹に区画や補強として数段積むものや急斜面に階段状に積むものもある。このほかに旧来の斜面補強のための石積も部分的に見られる。全体としては一体的な設計のもとに築かれており、竪石を挟んで横積みするなど特徴的な積み方も見られる。こうした積み方は吉川元春館跡でも見られ天正年間後半の築造と考えられる。

　通路は中枢部を中心に、それぞれの郭の虎口をつなぐことで想定できる。可能性としては尾崎丸堀切背後から満願寺と勢溜壇へ分かれ、勢溜壇に沿って中枢部を画す浅い堀切状の郭へ、そこから虎口郭となる御蔵屋敷下段を経由して2〜3方に分かれ御蔵屋敷上段と三の丸、そして二の丸、本丸に至る。特徴的なのはそのうちの一本が中枢部を取り巻く内郭郭群をつなぐ通路になることで、位置・高さとともにその存在そのものが中枢部を突出させる役割をはたしている。山麓からの登城道は東南の難波谷から本城の背後を通り尾崎丸背後に至る道が想定されるが、郡山城が全山に拡張された後には、「里」が想定される南西麓から西谷遺跡を通り勢溜壇への道もあったことが考えられる。

建物は二の丸、三の丸と満願寺で礎石が観察され、三の丸では瓦も採集されている。中枢部では石垣による改修の後、礎石建物が建てられるが瓦葺建物も一部見られる。郭により板または杮葺建物と瓦葺建物とで使い分けがあったことが想定できる。満願寺では礎石建物のほか池を持つ庭園があり、用水のための水溜もある。境内に公的空間と私的空間の別があったようである。

　これら残された遺構には時期差があり、用途・機能による使い分けがあったことがわかる。時期差については、①尾根先端背後を掘り切り独立した小規模城である本城の時期、②尾根上を中心に郡山全山に配置された切り盛りによる郭を配置した大規模城である郡山城の時期、③大規模城の中枢部のみ石垣で整備した織豊期城郭となった郡山城の時期に分けることができる。また、用途・機能では、①では規模は小さいが防御施設を備えた軍事機能中心、②では規模とともに郭群を構造的に配置して居住や行政機能をもたせ、③では②の中枢部を石垣により改修して高さや周囲からの眺望などを充実させて当主権力を際立たせ政治、権力の象徴としたことがうかがえる。

第4章　採集された遺物

　郡山城からは多数の遺物が採集されている。これらは豪雨や倒木、イノ
シシなどによる地表面の崩壊、掘削により地表面に現れたもので、安芸高
田市教育委員会や安芸高田市歴史民俗博物館（旧安芸高田市吉田歴史民俗
資料館）、郡山城見学者などにより採集され、同博物館で保管・整理され
ている。採集遺物には陶磁器、土師質土器、瓦、石製品、漆製品など多様
なものがあるが、土師質土器は細片のため、また瓦は大きく重いことから
採集されず現地に残されたものもある。

　郡山城に遺物が散布することは三の丸の瓦や難波谷の土砂崩れによる土
師質土器の発見など古くから知られていたが（小都1973、2008b）、県内で
中世城館の発掘調査が進んだ昭和50年代以降は陶磁器にも関心がもたれ
るようになり博物館に届けられるものもあった。その後、平成に入ってか
らの遺物は同館の遺物台帳に採集場所や日時など記録されており、平成
23年までに273件の記録がある。この台帳から採集地点を探ると、中枢
部146件（53％）、内郭部115件（42％）、その他（外郭部、周縁部）12
件（5％）と中枢部が多いことがわかる。なかでも二の丸・三の丸の東斜
面が82件（30％）、本丸北側斜面が51件（19％）と多く、本丸から三の
丸までの遺物が際立っていることがわかる。内郭部は中枢部を取り巻く郭
群だが、満願寺（33件、12％）を除いて概ね各郭20件以下で、外郭・周
縁部からはほとんど採集されていない。

　これら採集遺物のうち陶磁器と土師質土器については郡山城跡採集遺物
調査会により詳細な調査・検討が行われている（郡山城跡採集遺物調査会
2018、古賀2018）。次に、その調査成果を基に採集遺物から郡山城を考え
ることとする。

1　陶磁器

　陶磁器は破片でも固く丈夫で、地表にあっても目につきやすいことから、山頂の中枢部を中心に多く採集され、その数は500点を超える。大多数が貿易陶磁で国産陶器もわずかに見られる。

（1）貿易陶磁

　貿易陶磁は、中国産の青磁、白磁、青花が中心で朝鮮陶磁も3点がある。これらの出土比率は、青磁が10.9％（56点）、白磁が30.1％（155点）、青花が58.4％（301点）、その他が0.6％（3点）で、青花が半数を超えている。

　青磁は、13世紀以降の龍泉窯系青磁（40点）と16世紀中頃以降の景徳鎮系青磁（16点）がある。前者には琮形瓶や香炉、酒会壺、太鼓胴盤、花瓶（花生）、盤（大皿）など特殊器形のものが多く碗・皿類は少ない。後者には16世紀に見られる菊皿がある。

　龍泉窯系の特殊器形の青磁は大型品で器壁も厚いものが多い。琮形瓶は方形の体部に円形の口縁をもつ特異な瓶で、算木文をつけた体部の破片がある。伝世品は知られているが発掘資料は極めて少ないとされる（村上2018）。香炉は大型品で口縁部と底部の破片があり、底部は中央に穴が開いたものがある。酒会壺は胴部の破片がある。厚手で外面には蓮弁文があり釉が厚いものが多い。太鼓胴盤は胴部が太鼓胴のように膨らむもので突帯のある胴部破片がある。花生に使用されたらしい。花瓶は口縁部の破片で、大きく開く口縁の内外に花弁と思われる文様が刻まれている。盤は底部の破片で内外面に蓮弁文が施されている。これら特殊器形の青磁は13～14世紀のものとされるが、座敷飾りに用いられた威信財で伝世品である。これらは本丸北側の斜面から採集されており、郡山城の中枢部に座敷飾りを持つ当主の居所や接客空間があったことがわかる。毛利氏の権威を示す遺物である。龍泉窯系青磁にはこのほか雷文帯碗や底部内面に双魚文が施された蓮弁文の端反皿などがある。15世紀代とされるが中枢部の採集品ではない。

　白磁は多いが薄手のせいか小片となっている。景徳鎮系の白磁と灰色の白磁がある。景徳鎮系の白磁には直口碗と小坏、端反皿、菊皿があり、灰

図4-1　（上）龍泉窯系の特殊器形の青磁、（下）青磁と白磁

図4－2　（上）景徳鎮窯系の青花、（下）漳州窯系の青花

色の白磁には貫入が入った菊皿がある。16世紀のものとされ本丸周辺で採集されたものが多い。

　青花は貿易陶磁の6割近くを占める。純白の生地に青色のシャープな文様をつけた景徳鎮系の精製品（137点）と、くすんだ生地と文様の漳州窯系の粗製品（164点）があり、後者が多いのが特徴的である。

　精製品の碗は口縁部に圏線を持つものが多く、外面に唐草文も見られる。底部内面には如意雲文、瑞花文があり、高台には方形印銘や「大明年製」銘がある。皿は端反皿と体部が内湾する皿があり、端反皿には陵花となるものもある。口縁部に圏線があり、唐草文を施したものもある。内湾する皿は外面に圏線と草花文や唐草文、内面口縁部に四方襷文、体部には雨龍文、獅子文などが描かれる。底部内面には獅子文、如意雲文、草花文などが描かれ、外面に印があるものもある。皿には底径16cmを超える大型のものもある。これらは16世紀後半に出土例が多いとされる。

　粗製品の碗は外面口縁部に圏線と崩れた草花文があり、底部内面は輪状に釉剥ぎされたものや崩れた瑞花文が描かれたものがある。皿には圏線がある。粗製品は16世紀中頃から見られるが後半に増加するとされる。

　朝鮮陶磁には茶道具に使われた斗々屋の碗と褐釉瓶がある。前者は国内では1580年代頃から流通するとされ、後者は15世紀後半から16世紀に見られるとされている。

　このように郡山城中枢部、内郭部採集の貿易陶磁はその多くが日常に使用されたもので、16世紀中頃以降、後半に比定される。このことから、中枢部、内郭部は16世紀後半に機能し陶磁器はここで使用されていたことがわかる。このなかで龍泉窯系青磁は一定量採集されているが、これらとは時期差がある。特殊器形のものが多く、しかも採集場所が本丸北側斜面に限られるなど特定の場所で威信財として伝世され使用されていたものと考えられる。

（2）国産陶磁

　国産陶磁には、備前焼、瀬戸美濃焼、中世須恵器がある。

　備前焼は大甕や壺、擂鉢の破片があるが量的には少ない。大甕は安芸の

図4－3　（上）瀬戸美濃焼と備前焼、（下）難波谷採集の土師質土器

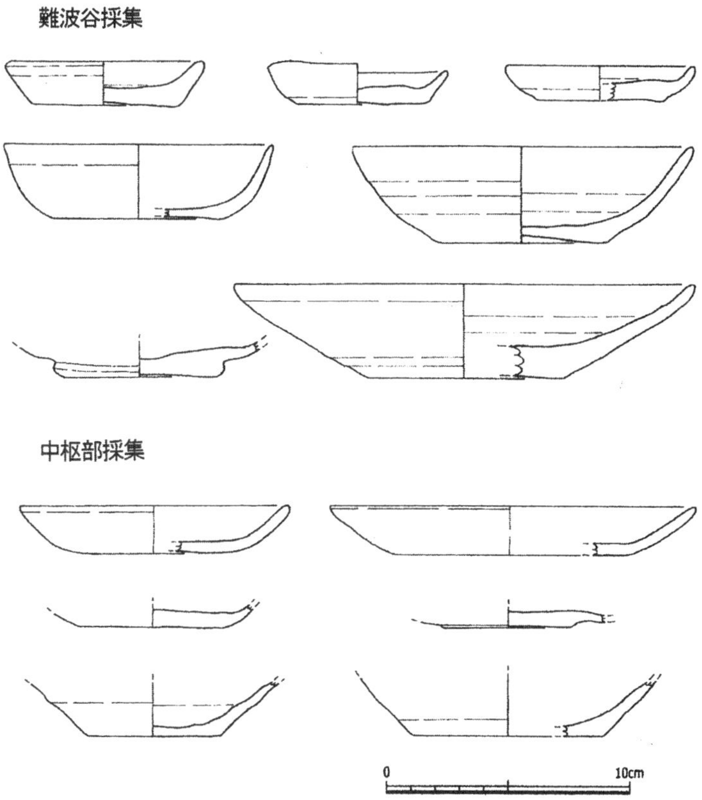

難波谷採集

中枢部採集

0　　　　　　　　　　　　　　　10cm

図４－４　土師質土器実測図（１：３）（古賀 2018 より引用）

発掘城館では全体の約４割、陣や砦を除いた恒久施設である城や館ではその６割から出土している（小都 1996）。城に甕を上げることは、天文 24 年（1555）の厳島合戦に備え毛利軍が宮之城（宮尾城）に水「かめ」を集め上げたとの記録（毛利隆元書状『藩中諸家古文書纂』中村弥三）に見られるように、水の確保のため大甕が使用されたようである。大規模城である郡山城で大甕が少ないのは湧水や井戸、溜池がありそれらが併用された可能

性がある。備前焼には16世紀後半のほか15世紀にさかのぼる擂鉢片も本城二の丸から採集されている。

瀬戸美濃焼も少ない。鉄釉の皿、天目茶碗、小壺、灰釉の折縁皿があり16世紀代とされる。天目茶碗は満願寺からの採集で寺院での喫茶が考えられる。

中世須恵器は外面に格子目タタタキを施した甕の破片がある。

2　土師質土器

土師質土器は大半が皿類の細片で、図示できるものは少ない。なかでも中枢部の二の丸、三の丸の東斜面からは多く採集されており、現在でも雨上がりの後には細片が散布しているのを観察することができる。図示できる大きな破片はこれらとは別の外郭部の難波谷から採集されている。

中枢部採集のものは、口径11cm前後の皿と7cm前後の小皿、それにやや器高の高い坏と思われるものがある。薄手で底部は回転糸切りが多いが、底部が円盤状に突出し段を持つものもある。基本的には皿が中心で口径も小さい。安芸北部の中世土師質土器は時代が下がるとともに法量が減少する傾向があるとされ（尾崎2018）、吉川元春館跡や大通院谷遺跡出土のものに類似したものがあり16世紀後半と考えられる。二の丸、三の丸で使用されたものが背後の斜面に一括して廃棄されたものと考えられる。土師質土器皿の一括廃棄は儀式や饗宴に伴い使用され廃棄されたものと考えられている（鈴木2002）。

難波谷採集のものは、口径7cm前後の小皿と口径10cmをこす坏または椀、径20cm近い大皿などがあるが、口径11cm前後の皿は明らかでない。点数は少ないが器種は多様で、全体的に厚手、底部は回転糸切りのほか円盤状に突出したものがある。こうした特色は中枢部採集のものよりさかのぼるものと考えられる。採集位置から考えると満願寺に伴う可能性があり、郡山城が全山に拡張する以前のものと考えられる。この他に土鍋の破片もある。

3　瓦

　瓦は中枢部の三の丸東段と御蔵屋敷下段で多量に採集されている。軒丸瓦と軒平瓦、雁振瓦、丸瓦、平瓦がある。

　軒丸瓦は小片の2点がある。瓦当は径推定14cm程度、厚さ2.2cm、周縁部幅3cmで、内区は圏線で区切り、蓮珠文の内側に左回りの三つ巴があるらしい。瓦当面の周囲と背面は丁寧に撫でており焼成は良好である。この他に丸瓦との接合部片もある。

　軒平瓦も2点がある。瓦当は中心に葉脈で現した上向の2葉を置き両側に先端がやや膨らむ3転の唐草文を配している。瓦当面上部を削るなど造りは極めて丁寧で焼成は良好である。他の1点も小片で、瓦当の文様は同じと思われるが、前者と同笵ではない。

　この他に断面が緩やかな山形で、端部を斜めに切った雁振瓦と思われるものがある。

　丸瓦は多量にある。完形品は、長さ32cm、幅12.5cm、厚さ2.0〜2.5cmで玉縁を持つ。凸面には縦方向の削りや磨きが見られ、凹面には斜め方向のコビキ痕（コビキA）の上に布目が見られ、上部には吊り紐の痕跡がある。

　平瓦の完形品はないが、長さ30cm、厚さ2cmを測り、凹面には横方向のナデが見られる。

　軒丸瓦の三つ巴文は、郡山城と関係の深い広島城にも見られるが、同笵のものは現在のところ知られていない。また、軒平瓦の葉脈で現した2葉文は広島城では出土しておらず、両者ともに広島城との比較は困難である。ただ、丸瓦にコビキAが観察されるものが多く、広島城で最も古いタイプ、すなわち天正年間後半以降の時期と考えることができる。

4　その他

　その他には砥石や硯などの石製品や漆製品の堆黒、鉄釘がある。

　石製品は断面方形の砥石3点と硯片がある。

　堆黒は中枢部の本丸付近で採集されている。中国製の漆器で、2.5cm大

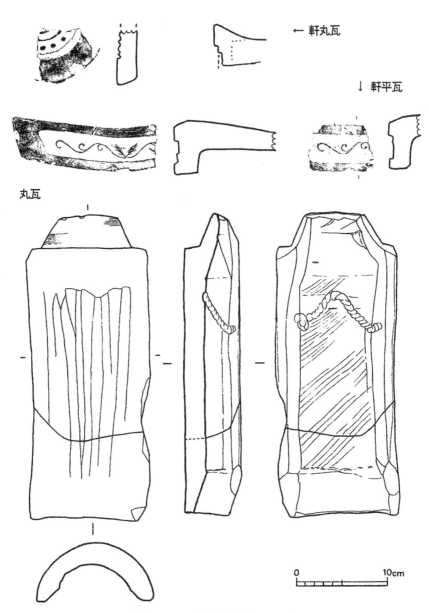

← 軒丸瓦

↓ 軒平瓦

丸瓦

図4-5　瓦実測図（1：4）

0　　　　　　　　　10cm

の小片だが保存状態は良く、厚さ 1.5mm の下地の木胎に黒漆を 2.5mm の厚さ
で塗り重ね、花弁を彫刻したもので、盆の一部と考えられている（川尻
2018）。堆黒は当時から高価な美術品とされ伝世品も少なく、遺跡からの
出土例もほとんどない。特殊器形の龍泉窯系青磁と同様に威信財として用
いられたものと考えられる。

5　採集遺物から見た郡山城

　郡山城跡から採集された遺物は量が多いだけでなく種類も多様である。
郡山城は落城の記録がなく、廃城は広島城への移転後と考えられることか
ら、当時の文物の多くは広島城へ移されたものと考えられる。従って郡山
城採集遺物は郡山城で使用されたが、破損その他で不要となりそのまま破
棄されたものと考えることができる。

　貿易陶磁は中枢部・内郭部を中心に 500 点以上が採集・分類されている。
内容は青花が 6 割近くを占め白磁が 3 割、青磁が 1 割である。貿易陶磁の
出現比率は中世遺跡の時期比定に有効で、時期が下るとともに青磁から青
花へと変わっていくことが確かめられている。安芸の城館出土・採集貿易
陶磁の構成比率を比較すると、15 ～ 16 世紀前半とされる小倉山城から 16

表 4 - 1　安芸の城館出土・採集の貿易陶磁の比率（%）
（郡山城跡採集遺物調査会 2018 の表に加筆）

	青磁	白磁	青花	その他
小倉山城	70.7	12.2	5.9	11.2
城仏土居屋敷	54.9	8.5	29.6	7.0
薬師城	55.5	12.7	13.6	18.2
大通院谷・西地点	22.0	41.2	25.5	12.3
大通院谷（東）	11.6	17.4	64.7	6.3
鈴尾城（採集）	14.8	13.1	65.6	6.5
郡山城（採集）	10.9	30.1	58.4	0.6
吉川元春館	5.9	13.6	71.1	9.4

世紀第4四半期の吉川元春館まで、表4－1のような変遷があり、郡山城は吉川元春館や大通院谷遺跡（東地区）出土遺物の構成比率と近く、それらと近い時期が想定される。吉川元春館との差は郡山城で青磁の比率がやや高いことがあげられるが、これは先述のように伝世品の龍泉窯系青磁が多く含まれることによる。龍泉窯系青磁の多くは威信財であり、この採集地が本丸周辺に偏っていることは、これらが本丸周辺で使用されたことを物語っている。

　安芸ではこれまで約90件の城館が発掘調査されているが、奢侈品や茶道具などの威信財が出土するのは小倉山城や椛坂城（東広島市）、有井城（広島市）などの城や吉川元春館や薬師城（東広島市）、三太刀遺跡（三原市）などの屋敷からのみで、臨時施設である陣や砦からは出土していない。威信財は領主の居住が確かめられる城館に限られるといってよい。このなかで、郡山城では全国的に出土例が少ない琮形瓶片や太鼓胴盤などの破片や、とくに類例の少ない堆黒片が本丸周辺で採集されている。これは、16世紀後半の郡山城（本丸周辺）の性格を考える上で重要である。

　青花では漳州窯系の粗製品が景徳鎮窯系の精製品より多く採集されている。これが時期的なものか地域性によるものか毛利氏の特性によるものか、今後の類例を含めて検討が必要である。

　貿易陶磁は中枢部以外でも内郭部郭群でそれぞれ10～20点が採集されているが、外郭部、周縁部からはほとんど採集されていない。これが何を意味するのか明らかではないが、少なくとも中枢部、内郭部は16世紀後半において郡山城の中枢として居住だけでなく役所や儀礼の場として使用されていたことがわかる。

　国産陶磁には備前焼や瀬戸美濃焼があるが、安芸の城館で比較的多く見られる備前焼大甕は郡山城では少ない。中枢部・内郭部では16世紀のものが中心だが、外郭部の本城では15世紀の備前焼擂鉢片が採集されている。

　土師質土器は、中枢部では規格化された皿類が中心で16世紀後半、難波谷採集のものは多様な器種があり中枢部のものより古いと考えられる。中枢部の皿の集中散布地点は場所と採集量から一括廃棄の可能性が高く、

　中枢部の本丸や二の丸で饗宴や儀礼があったことを推測させる。同様な例は吉川元春館や大通院谷遺跡西地点でも見られる。

　瓦は中枢部の三の丸東段と御蔵屋敷下段で集中して見られる。軒丸瓦は三つ巴、軒平瓦は葉脈で現した 2 葉文の中心飾に 3 転の唐草文を加えたもので、現在のところ郡山城から移った広島城からは同笵の瓦は確認されていない。瓦の採集地が本丸・二の丸ではなく三の丸東段と御蔵屋敷下段に限られることは、中枢部の郭に瓦葺き建物と板・柿葺き建物の別があり、建物による用途や機能による使い分けがあったことを考えさせる。同時期で石垣や礎石建物の存在が知られる吉川氏の日山城や吉川元春館では瓦は確認されておらず、小早川氏の新高山城でも城内の匡真寺では瓦が見られるものの城の郭からは確認していない。瓦葺建物の使用が時期差によるものか城主の権力や思考によるものか、城内の役割分担によるものか今後の検討課題である。

　これらの状況から、中枢部・内郭部は 16 世紀後半〜末に使用されたこと、なかでも石垣のある中枢部からは威信財が多数採集されており、中枢部には御殿などの建物や瓦葺建物があり、居住機能のほか行政機能や饗宴や儀式の場として使われたことがわかる。さらに中枢部、内郭部でも郭や建物毎に用途による使い分けがあったことが想定され、部分的にではあるが瓦が採集されていることから、広島城に移る直前まであるいは移った後も城が機能していたことがわかる。外郭部では遺物の採集は少ないが、本城や難波谷からは 15 世紀代の遺物が採集されており、この地域は郡山城が拡張される前から使われていたことがわかる。

第5章　郡山城の発掘調査

　郡山城では史跡指定地外の山麓や城下町で開発事業や災害復旧に伴う発掘調査や遺構確認のための試掘調査が行われている。ここではこのうち郡山城内と推定される内堀内と内堀に接して大規模調査の行われた大通院谷遺跡について述べる。調査地は大通院谷遺跡をはじめとして、伝御里屋敷跡、内堀跡、酉谷遺跡など郡山城の西南側に集中しており、南麓では興禅寺周辺遺跡、内堀跡、北麓では千浪郭群がある。

1　大通院谷遺跡

　大通院谷遺跡は郡山西側の大通院谷にある。大通院谷は郡山城の西を画す谷で、中枢部の釣井壇の下から大通院を経て山麓まで長さ約600m、幅は山麓付近で約100mの広さがある。大通院谷砂防事業に係る試掘調査により谷の東側とその上流（14,000㎡）、ならびに西側の天神山山麓の西地点（2,400㎡）が明らかになり発掘調査が行われた（吉田町地域振興事業団2002・03）。

　大通院谷遺跡では、北側上流で郡山城を画す内堀と自然流路、南側下流の山麓部分で古代から中世の多様な遺構が確認されている。

　北側上流では調査区中央に自然流路（谷）があり、東端の郡山西側山麓に沿って幅1.2〜5m、深さ最大3.5mの堀が長さ約100mにわたり検出されている。この堀は郡山山麓下端の地山を掘削したもので薬研堀をなし、16世紀中頃から後半に掘削されている。郡山城の城域を画す内堀と考えられる。

　山麓部分の古代の遺構は、7〜9世紀の大型の掘立柱建物や竪穴住居などからなり、規則的に並ぶ建物とともに円面硯や墨書土器などが出土することから、古代高宮郡衙関係遺跡と考えられている。

　中世の遺構は上流から続く堀（内堀）と掘立柱建物11棟、礎石建物3棟、

78

図5-1　郡山城発掘調査・試掘調査位置図

溝状遺構54条、方形石組遺構1基、井戸4基、石積33基などがあるが、自然流路や古代の遺構との重複、後世の開墾などにより保存状態は必ずしも良くない。このうち15世紀を中心とした前半期には東側に自然流路があり、中央部に掘立柱建物が検出されたことから小集落があったとされている。後半期の16世紀中頃になると東側の自然流路は埋められ段差を持つ平坦面が造成される。この平坦面は石垣や溝で15〜20m幅で区画され、礎石建物や井戸などを伴うものがあり屋敷地と考えられている。それは複数見られ屋敷地が並んでいた可能性がある。しかし16世紀末には衰退する。この地域からは土師質土器皿や瓦質土器、青花・白磁・青磁・褐釉陶器などの貿易陶磁、瀬戸美濃焼や備前焼などの国産陶磁のほか、銅鏡片・

武具片・鉛玉などの金属製品や古銭、漆器椀や墨書木札・下駄などの木製品、砥石・碁石などの石製品など、多量の遺物が出土している。このなかには天目茶碗や建水・花生などの茶道具や銅鏡片・鉄漿皿などの装飾品、武具、祭祀遺物など特異なものもあり、ある程度の経済力がある人たちの屋敷群であったことが考えられる。また、上流で検出された堀（内堀）は調査区外の東側を下っているようで、検出された屋敷群は内堀の外側、すなわち城外に並んでいたことがわかる。内堀の外に接していることから毛利氏家臣団の屋敷と考えられる。

　本拠城の堀外に接して屋敷を並べる例は安芸ではほかに調査例がないが、備後山内氏の雲井城麓の篠津原遺跡群（庄原市）では屋敷跡が数10カ所群集しているのが確かめられている（庄原市文化財保護委員会1978）。これらは土塁で囲んだ方形館や石垣を持つものなど形態が異なる数グループに分かれるが、発掘調査の行われた第1号土居屋敷跡（広島県教育委員会1978b）は、一辺約30mの方形館でこのグループでは同規模のものが多いとされる。方形館と石垣を持つものとでは時期差があるものと考えられる。

　西地点は、大通院谷西の天神山山麓東斜面を削って造成したもので、大通院谷遺跡よりやや高位置にある。東側を正面とし間口50m以上、奥行約30mの屋敷地である。敷地は後世の開墾により一部削平され2段となる。遺構は上段を中心に礎石建物1棟や掘立柱建物7棟、石組遺構3基、炉跡1基などがあり、下段では正面に石垣とその隅に土器溜りが検出されている。上段は16世紀前半から後半まで5期の遺構面が確認され、当初は遺構がまばらだったが、中頃に敷地内が石組溝などで区画されて大型の建物も建てられ、後半にかけて建物の建替や区画の変更などがあったが、16世紀末には衰退するという変遷が捉えられている。下段は上部を削平されているが、東側正面に高さ2mで長さ15mと、高0.5〜0.9mで長さ20mの中央が屈曲した石垣が検出されている。これらは方向に若干のずれがあり一連のものになるか否かは明らかでない。いずれも基部に大きめの石を用い上部に小型の石を積んでおり、石垣前面にテラスを持つなど類似点が多い。また、この石垣南端では多量の土師質土器皿が廃棄された土

図5－2　（上）大通院谷遺跡堀、（下）同礎石建物跡
（以下図5－5まで安芸高田市歴史民俗博物館提供）

図 5 - 3　（上）大通院谷遺跡石列と井戸、（下）同石組遺構

図5−4　（上）大通院谷遺跡出土陶磁器、（下）同土師質土器皿

図5−5 （上）大通院谷遺跡西地点全景、（下）同正面の石垣

器溜りが検出されている。土師質土器は約 13,000 点があり、16 世紀中頃のものと考えられている。これは屋敷内での儀式や饗宴に伴い一括廃棄されたものと考えられている。土器溜り以外からも土師質土器や瓦質土器、青花・白磁・青磁・褐釉陶器などの貿易陶磁、備前焼・瀬戸美濃焼などの国産陶磁など約 9,000 点の土器類が発見されている。貿易陶磁は約 600 点がある。白磁が 41％と多く青花が 25％、青磁 22％と続く。16 世紀中頃から後半の時期が中心と思われる。土器類のほかには小札・鍬型・刀などの武具を中心とした金属製品、漆碗・下駄・木札角の木製品、砥石などの石製品がある。

　西地点は上部が一部削平され不確定な部分もあるが、間口 50m 以上で正面に石垣を持つ大型の屋敷で、屋敷内で儀式や饗宴が行われた有力者の館と考えられる。こうした例は発掘調査が行われている吉川氏の吉川元春館（広島県教育委員会 2001）や平賀氏の御土居遺跡（東広島市教育文化振興事業団 2006・07）でも確かめられている。いずれも 16 世紀後半の有力領主の館である。西地点は規模こそ明らかでないもののこれら有力領主の館に匹敵する内容をもつ。『高田郡村々覚書』や『芸藩通志』などの近世地誌には周辺に吉川元春の館があったとの記録も残されており、位置や規模・内容を総合するとその可能性も考える必要がある。

　大通院谷遺跡と西地点は、15 世紀代に大通院谷の東寄りに小集落があったが、16 世紀前半に西地点で独立した館が造られはじめ、中頃には大型の屋敷として整備される。この頃大通院谷の上流で郡山城の内堀となる堀が掘削され、あわせて堀外に中小の屋敷群が造られ始め、後半に継続するが、16 世紀末には西地点の館は衰退する。

　大通院谷遺跡の中小の屋敷群と西地点の独立した大型の屋敷とでは様相が異なり、前者は郡山城が拡張される 16 世紀中頃から後半にかけ堀外に接して見られることから毛利氏家臣団の屋敷、西地点は郡山城の拡張や内堀の掘削以前から郡山城の西に整備された有力家臣の館と考えられる。両者は近距離にありながら規模・構造は異なり時期もややずれることから性格は異なっていたものと思われる。

2 伝御里屋敷跡

　郡山南山麓の大通院谷と清神社（祇園社）との間にある。旧吉田少年自然の家の敷地でかつては学校用地として使われ、元就の居館「御里屋敷」の伝承がある。上下2段からなるが里道により100m×200mの方形区画となることから、確認のための試掘調査が行われた（広島県教育委員会1994）。上段では西側で遺構が見られたものの中央部には谷があり、当初は屋敷地となる広い平坦面はなかったことが確かめられた。このため古い地籍図などで検討が行われたが、現地形は明治以降造成されたことが明らかになり、かろうじて東側に屋敷地が広がることが考えられた。しかし現状では施設用地となっており確認できていない。また「御里屋敷」の名称は享保2年（1717）の『祐長老国司広邑書』（高田郡史編纂委員会1981）が初見で同時代史料にはないこと、御里屋敷は地元で伝えられる「里」の地名から屋敷地と推定された可能性があることが考えられた。従って、遺跡からも史料からもここを元就の居館と断定するには至っていない。

　下段では、幅14m、深さ2.5m以上の堀が検出されている。この堀は里道に沿って東南にのび、山麓の清神社、県立吉田高等学校の南を経由して地積図や現在も地割りや溝として残る堀跡に続くらしい。この地積図でたどれる堀跡は、その後行われた本城南麓の貴船神社下付近の試掘調査でも確認されており南山麓に堀が巡っていたことは間違いないが、試掘調査ではこの堀の内側にも、山麓に沿ってもう一条堀がめぐらされていることが確かめられている。（川尻2009）。

　元就居館の伝承のある御里屋敷の試掘調査では、大型の館の存在は確認できなかったが、小型の屋敷地があった可能性は残る。「里」の語が伝えられているということは、里衆の屋敷があった可能性はあり、それは郡山城の麓を巡る内堀の内側になる。

3 酉谷遺跡

　伝御里屋敷跡背後の酉谷にあり、郡山南斜面の清神社と常栄寺の間に当たる。急斜面を造成して2段の郭があったが豪雨による土砂崩れによって

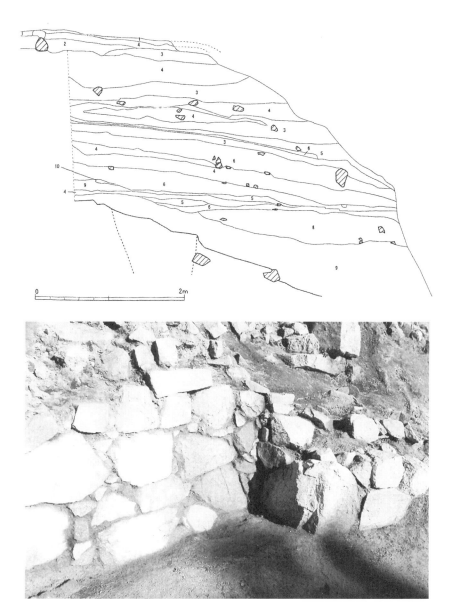

図5－6　（上）西谷遺跡上段郭の版築断面図（安芸高田市教育委員
　　　　会ほか 2009 より）、（下）同下段郭の石垣

崩落、発掘調査が行われた（安芸高田市教育委員会ほか2009）。

　上段郭は下段郭からの高さ約15mで約600㎡の広さがある。豪雨により西側が崩落している。崩落部分の断面観察により、郭は急斜面を高さ4mが版築により造成されていることが明らかになった。版築は急斜面に厚さ1m以上の盛土を行い整地した上に、厚さ約3mにわたり何層もの土を重ねつき固めたもので、間に炭化物を含む層が2面見られることから、造成は複数回行われた可能性がある。この最上層の郭面からは鍛冶炉も検出されている。鍛冶炉は直径0.4m、深さ0.2mの円形で底部は焼け、周囲から多量の炭化物とともに鞴の羽口や鉄釘、鉄滓が出土している。版築土や鍛冶炉で検出された炭化材の放射性炭素年代測定では15世紀後半から16世紀の年代が示されている。

　下段郭は山麓から高さ20m、面積約500㎡の郭であったが上段の崩落に伴い斜面が崩落、岩盤を利用した高さ約5mの切岸下端で石垣が現れた。石垣は長さ6.6m、高さ1.3mが検出されたが、岩盤の切岸に接続するため折れをなす。整地したテラス上に大型の石を並べ、その上にやや小型の石を4～5段横積する。断面の断ち割りによると、石垣上には幅1m程度のテラスがあり、セットバックしてさらに石垣を積んで階段状の石垣としているらしい。セットバックした階段状の石垣は郡山城内郭部の釣井壇南切岸でも見られるが、山麓部ではほかに石垣を築いた箇所は見られず、郡山城拡張後の郡山城の虎口と考えられる。石垣前面は通路となり、斜面から常栄寺に登る山道に接続している。下段郭からは16世紀中頃から後半の貿易陶磁や土師質土器片が出土している。

　このように上段の版築による郭の造成や鍛冶炉は15世紀後半から16世紀、下段の石垣は16世紀中頃から後半の年代がわかるが、郡山城では16世紀前半までは本城のほかには満願寺、祇園社などの社寺を除いては城に関わる遺構が確認されておらず、版築による郭の造成については時期を含め今後の検討が必要である。

　下段の石垣については、先に示したようにこの位置は郡山南斜面の祇園社と常栄寺の間で伝御里屋敷の上手に当たる。天正10年代の状況を念頭

に描かれたとされる「吉田郡山御城下古図」（山口県文書館蔵、吉田町歴史民俗資料館1993）を見ると、この位置には国司雅楽、児玉采女、佐藤……など5名の名前が記されている。このうち国司雅楽は大中兵衛尉、佐藤彦三郎、東左京亮とともに、天正9年（1581）の『村山家檀那帳』にも記された「里近習衆」とされており（秋山1993）、この地に里近習衆がいたことが推定できる。山麓に「里」の伝承があり、御里屋敷も考えられたことを合わせ考えると、この地周辺に里近習衆たちの屋敷があったこと。西谷遺跡の下段石垣はこれら屋敷の一部、あるいは郡山城中枢部への通路虎口として使用されていたことが考えられる。

4　興禅寺周辺遺跡

郡山南山麓の県立吉田高等学校裏にある郡山公園（興禅寺推定地）への登山道にある。法面崩壊に伴う復旧工事で埋葬人骨が発見された（小都ほか1988）。埋葬人骨は急斜面に掘られた0.8m×1.1m、深さ0.8mの土坑から坐位屈葬で発見され、刀子や古銭、鉄釘、川原石が伴出した。土坑の形状や釘の伴出から木棺墓と想定され、刀子、古銭は副葬品である。刀子は3点あり、内1点は銅製の柄が付く小束である。古銭は52枚があるが、判読できるものは祥符通宝、洪武通宝などの北宋銭で、県内の類例から類推すると南北朝期から戦国前期の木棺墓と考えられる。興禅寺推定地とは約40m離れた急斜面にあり、戦国後期に存在が確認される興禅寺との関係については明らかでない。

なお、後年、この埋葬遺構の上部斜面で同様な坐位屈葬の木棺墓が調査されており（川尻2009）、この周辺が墓地であったことが推定される。

5　千浪郭群

郡山北側背後の甲山との鞍部にある。林道建設に伴い発掘調査され、中世の石垣・掘立柱建物と近世の地覆石を持つ礎石建物が調査された（吉田町教育委員会1981）。中世の遺構は甲山との間を東西に通る道に沿って緩斜面を一辺10mに削り出して郭とし、低い西側は石垣、高い山側は斜面

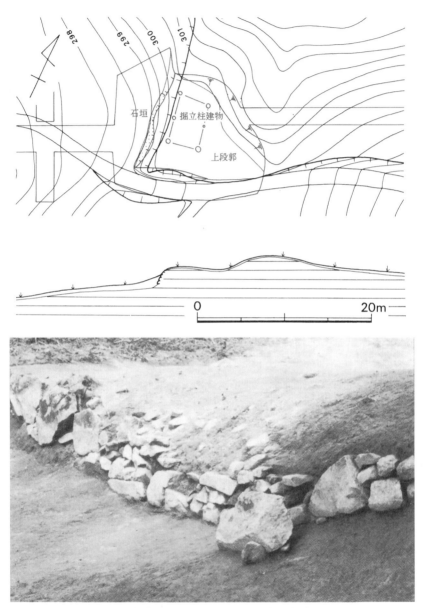

図5-7　（上）千浪郭平面図（1:400）、（下）同石垣
（吉田町教育委員会 1981 より）

を削り整形している。石垣に沿って2間×1間（5.3m×3.5m）の掘立柱建物がある。柱穴は6本があり、4隅のものは径0.5mと大きい。石垣は長さ9m、高さ1.5m、基部に横長の石を並べ横積とするが、大石を並べた部分もある。山側は自然地形を高さ約2mに削ったもので、道を挟んだ郡山城側にも同様な削り落しが部分的につながっている。柱穴から土師質土器細片が出土している。道に面し石垣で画した中に掘立柱建物が1棟だけということで番所的な施設と考えられる。石垣の状況から16世紀後半と考えられ、郡山が全山城郭化した後、郡山背後の守りとして設けられたものであろう。この西側の平坦面からは近世末の礎石建物が検出されている。これは幕末の動乱に備えて計画された「御本館」に伴なう施設の絵図である「郡山城絵図」（元治元年・1864）に示された建物の一つと考えられる。

6　発掘調査から見た郡山城

郡山城の発掘調査は史跡指定地から外れた郡山周縁部で行われている。千浪郭群を除いて南西山麓の調査で、山麓を巡る内堀とそれに伴う遺跡が明らかになった。内堀は郡山の西を画す大通院谷遺跡から南麓の伝御里屋敷下段をとおり本城の南麓へ、そして本城東の堀跡の痕跡へ続く。掘の掘削時期は上流の大通院谷遺跡では16世紀中頃、史料調査でもこの頃（天文20年頃：1551）と考えられている（木村1994）。

内堀が掘削される16世紀中頃以前にも、内堀内側の本城山麓に堀があったようで、大通院谷には小集落があり、大通院谷対岸の西地点で大規模な屋敷の造成が始まる。郡山では酉谷遺跡で版築による郭の造成があり、興禅寺周辺には木棺墓の墓地が確認されている。

内堀が掘削あるいはその後の16世紀後半、西地点の大規模な屋敷は石垣で整備され、大通院谷遺跡では堀外に接して石垣の区画に建物や井戸を持つ規模の小さい屋敷群が建てられる。

さらにその後の16世紀末、酉谷遺跡で通路や石垣が築かれるが、これは郡山城の整備に伴うもので城外から郡山城への虎口と考えられる。

これらの発掘調査では大通院谷遺跡西地点、酉谷遺跡、千浪郭群で石垣が検出されている。いずれも破損しており全体像は明らかでないが、高さは1〜2mで勾配はほとんどなく、下部に大石を用いるものの築石は小さく裏込めもはっきりしない。酉谷遺跡の石垣は石材がやや整っているが構造的には類似しているといえる。大通院谷遺跡西地点の石垣は16世紀中頃の築造と考えられており、他の石垣も概ねこの頃から後半にかけての築造と考えられる。郡山城では中枢部に大石を用い裏込めのある高い石垣の痕跡が見られるが、山麓の石垣はそれとは様相を異にしている。石垣築造の時期差によるものと考えられるが、当主の権威の誇示を意図した中枢部の石垣と城外からの虎口を意識した石垣との差によるものかもしれない。

　なお、このように内堀に接する郡山城西南麓に屋敷群が集中し通路や石垣なども見られることは、この時期、この場所に里近習衆などの家臣団が居住し郡山城への登城路があったことを考えさせる。これは郡山城拡張前（16世紀前半まで）には山頂への道が本城背後を通る東側の難波谷であったものが、郡山城の拡張に伴い山頂が中枢部として使用されるようになると（16世紀後半）、酉谷遺跡周辺から勢溜壇を経由する西側の通路に移った可能性を考えさせる。

第6章　史料から見た郡山城

　毛利氏については元就の時代を中心に残された文書が多いことから、人物だけでなく当時の政治、経済、社会など多方向で研究が進められている。本拠である郡山城についても、近年、史料からの研究が進められつつある。次に、史料に示された郡山城を紹介すると共に、現地に残る遺構との比較を試みることとする。

1　郡山城以前

　毛利氏が吉田荘を得るのは13世紀前半の季光の時とされるが、季光は宝治元年（1247）の三浦合戦に関わり自刃し、吉田荘の地頭職は4男の経光に安堵される（河合1984）。その後、文永7年（1270）には経光から4男の時親に譲られる（『毛利家文書』2）。時親は吉田荘に一族を交代で代官として派遣するが、建武3年（1336）には時親、貞親、親衡、元春の4代が吉田荘に入ったとされる（河合1984）。ところが南北朝の動乱の中で、吉田荘の家督相続を巡って毛利家中で親衡と元春との抗争があった。時親の没後、吉田荘は元春が継ぎ、永和3年（1377）には幕府から承認を受けている。元春は康暦3年（1381）子息らに所領の分割を行っている。この頃の毛利氏庶家には麻原、福原、坂、中馬などが知られる。応永11年（1404）の安芸国人33人一揆契状には当主光房以外に4人が名を連ねている（『毛利家文書』24　安芸国諸城主連署契状）。

　吉田荘内で毛利氏の城が確認できるのは文和2年（1353）で、元春は安芸守護武田氏信に攻められ「吉田城」に「楯籠」が「破却」されている（『吉川家文書』1053）。「吉田城」では、永和元～2年（1375～6）に元春と弟が争い、応永26年（1419）には元春の孫光房が「吉田城」に籠って守っている。このように当初の「吉田城」は「楯籠」っても「破却」されるような臨時的な施設であり、恒久施設と考えられる後の郡山城と同一のものか

否かは明らかでない。同様な城攻めの記載は山県郡でも見られ、観応元年
(1350) に「与谷城」、「猿喰山城」、「寺原城」（北広島町）で、「楯籠」、「合
戦」、「追落」などの記事（『吉川家文書』1052・1159）が知られる。

　なお、南北朝期の毛利氏と郡山について、『大日本古文書』（『毛利家文書』
14）の傍注では「郡山殿」を毛利元春としており、これまで元春は郡山に
おり毛利氏と郡山は関係が深いと考えていたが（小都 1988）、秋山伸隆氏
は「郡山殿」は元春ではなく「郡山坊主権大僧都」であり「郡山坊主」と
呼ばれる僧が郡山におり、それは満願寺に関わる僧の可能性があるとされ
ている（秋山 1996）。となると史料からは毛利氏と郡山との関係は直接的
にはたどれないことになり、毛利氏の臨時施設である「吉田城」が郡山に
あったことも証明できないことになる。ただ、郡山山麓に古代高宮郡衙が
推定され、平安時代創建と考えられる満願寺が郡山にあるなど、当時郡山
は吉田郷の政治的、宗教的なシンボルとなる中心的な場所であったことが
想定される。吉田荘の領主である毛利氏が自らの権威を示し神仏の加護を
背景とするためには郡山を利用しないことは考えられない。「吉田城」の
所在について、資料は明らかではないが今後も調査の必要がある。

　毛利氏の「吉田城」が郡山にあったとすれば立地的に本城の位置が推定
されるが、現在残る本城は恒久施設である領主の本拠であり、この時期ま
でさかのぼるとは考えにくい。あえて比定するなら、本城先端部の浅い堀
切で区切られた部分が該当し、屋敷は後の郡山城内堀の内側になる難波谷
前面の微高地の大浜にあった可能性が高い。この地は可愛川に接すること
から可愛川水運に関わっていたことも考えられる。こうした屋敷（恒久的
施設）と砦状の簡易な城（臨時的施設）がセットで見られる例は、吉川氏
庶子家の初期の城と考えられる駿河丸城（北広島町）の前面に 13 〜 14 世
紀の屋敷・集落跡である間所遺跡が知られており（小都 2008）、集落の裏
山に臨時的施設の小規模な城（砦）を持つ例は 15 世紀前半以前の安芸で
はよく見られる（小都 2005）。当時領主は屋敷の背後に簡易な小規模城を
持ち、日常的には平地の屋敷に居住するが、緊急時には臨時施設である城
に立て籠もっていたことが考えられている。

　郡山城以前の状況　この時期毛利氏では、応永11年の安芸国人33人一揆契状にみられるように惣領家の地位が確立しておらず、庶家はそれぞれ地頭として自領の屋敷に居住し緊急時には屋敷背後の臨時的施設である小規模城に籠っていたことが考えられる。

2　初期の郡山城

　享徳2年（1453）粟屋縫殿は毛利氏から「城誘」は勤めるよう指示されている（『萩藩閥閲録』74粟屋1）。「城誘」とは城を維持・管理することで、この頃毛利氏は「城誘」が必要な恒久的な施設を持っていたことがわかる（木村1997b）。この恒久的施設とは郡山本城のことと思われ、長享3年（1489）毛利氏の執権兼時広正は吉川経基からの手紙を「郡山」に登城して「太郎（毛利弘元）」に披露したとの記録がある（『吉川家文書』194）。同様な例は吉川氏の小倉山城（北広島町）でも享徳元年（1452）に「城誘」（『吉川家文書別集』7）、毛利氏庶家の福原氏の鈴尾城（安芸高田市）でも文正2年（1467）に「城こしらへ」（『福原広俊宛行状』）の記述がある。

　応仁元年（1467）には応仁の乱がおきるが、永正9年（1512）、安芸では大内氏の動向に対応するため安芸国人9人の一揆契約が結ばれる。署名を見ると、毛利氏では興元一人が署名している。この頃には安芸の国人たちは惣領家がその地位を確立していたらしい。

　永正年間には城主興元が出陣中、城には家臣の渡辺一族や「地下衆」が籠って「要害のはん（番）」をしており（『毛利家文書』633）、永正15年（1518）、粟屋元貞は数年にわたり「在城」したことで毛利幸松丸から感謝されている。これは父興元の死による応急的な対応と考えられる。この間の興元の書状に「要害」「ようがい」の記述も見られるが、この「要害」こそ城誘の行われた施設である城と考えられる。

　大永3年（1523）、毛利氏は大内氏の鏡山城（東広島市）を攻めるが、その直後当主の幸松丸が死去する。これにより「多治比御城」にいた元就が毛利氏の家督を継ぎ「郡山」に「入城」する（『毛利家文書』246毛利元就郡山入城日記）。この記述は、郡山城が毛利氏当主のいる本拠であること

を示しており、それまで城誘が行われていたのもこの城と考えられる。元就は家督相続後大内方に復帰し、享禄3年（1530）には吉田荘に接し安芸北部に勢力を広げていた石見の国人高橋氏を滅ぼしている。なお「多治比御城」とは多治比猿掛城（安芸高田市）のことで、明応9年（1500）弘元から興元への家督相続に伴い元就は弘元とともにこの城に移った。城は郡山城の西約4kmにあり、北方は高橋氏領の横田（安芸高田市）、西方は山県氏領の壬生（北広島町）にそれぞれ隣接する。山頂の中心部郭群に物見と出丸を備えたもので、中心部郭群は急峻な切岸と2条の堀切、畝状竪堀群に守られた厳重な要害、出丸は平時の屋敷と考えられる。郡山本城がいわゆる居城であるのに対し、多治比猿掛城は居城の機能とともに毛利領の北西方の守りとして防禦が厳重で緊張感のある実戦的な構造を持っている（小都2015）。

　その後、天文9年（1540）、郡山城は尼子詮久（晴久）に攻められる（郡山合戦）。この時の記録は「毛利元就郡山籠城日記」（『毛利家文書』286）に詳しく多数の感状も残るが、郡山合戦といいながらその戦場は吉田上村、太郎丸、大田口、鎗分、広修寺縄手、池内、青山土取場、瀬木、小山、青山三塚山など、郡山城を取り巻く周辺部での合戦で、郡山城が直接戦場となったものではない（木村1997b）。従って当時の城内の状況は記録では明らかでない。この時尼子軍は郡山城西方の、当初は風越山城に、そして青山・三塚山に陣城を設けているが、風越山城は周囲を横堀と土塁で画しただけの臨時的施設であるのに対し、青山城では郡山城の正面に本格的な大規模城を築いている。同じ陣城でも構造が全く異なるが、近年これを結ぶ線上で加工の少ない陣城が複数確認されている（秋本2019）。またこの時、毛利氏を救援した大内軍も郡山城から可愛川を隔てた東方の丘陵上に高塚山城、吉常ケ城、田淵ケ城など連続した長大な陣城を築いている（安芸高田市歴史民俗博物館2015a、秋本2019）。これは尾根上を削平しただけの郭を並べた単純な構造である。同時期に尼子・大内両軍が郡山城を囲んで異なるタイプの陣城を築いて対峙していたことがわかる。

　郡山合戦後の天文11年（1542）、元就は大内義隆に従い出雲の尼子氏を

攻めるが翌年には敗退する。その後、同13年には3男隆景が竹原小早川氏を相続、同15年には長男隆元に毛利家の家督を譲り、同16年には次男元春の吉川氏相続契約を成立させる。こうして毛利氏は安芸の国人たちとのつながりを確保しその影響力を強めていく。さらに同19年（1550）、元就は毛利氏家中の最有力者である井上元兼一族を討滅し、家臣238人に元就に服従を誓約する連署起請文を提出させる（『毛利家文書』401福原貞俊以下家臣連署起請文）。これにより元就は毛利氏家中における支配権を確立する。

初期の郡山城と周辺の状況　毛利氏は惣領家の地位を確立する15世紀には恒常的な施設としての本拠城・本城を持つようになる。防御施設を備え当主の地位を示す施設である。元就が家督を継ぎ郡山合戦を経た後、周辺に影響力を持つようになり家中でも支配権を確立する。こうしたなかで本城は国人領主の本拠城として改修や整備が続けられたものと思われる。

この時期吉川氏の小倉山城では、延徳2年（1490）の吉川是経の書状に、当主の地位とともに本拠城を新たな当主に渡す旨の記述があり（『吉川家文書』354、木村2000）、天文13年（1544）には「三重之上様」（『吉川家文書別集』365、木村2000）の記述にあるように隠居が三の丸にいたこともうかがうことができる。このほか小早川氏の「高山城」（三原市）、宍戸氏の「五龍城」（安芸高田市）、平賀氏の「頭崎要害」（東広島市）、武田氏の「金山城（銀山城）」（広島市）など国人領主たちの本拠城や、厳島合戦の戦場となった「宮之城」（廿日市市）などの記載が見られる。

3　拡張された郡山城

隆元の家督相続の後、元就の書状では隆元を「本城」としており、当主隆元は本城にいたことがわかる。また天文10年代に、隆元は「かさ爰許程遠候て何事も不如意候」と記しその理由として「本城の事、二重中固屋なとニ二人三人も在城申付とも不在候」とし、「かさ（嵩・元就の居所・郡山山頂）」と爰許（隆元の居所「本城」）が遠く不便なので来春には「粟掃井新丸（粟屋掃部頭・井上新左衛門元吉の居所）」に移りたい（『毛利家文書』

750）との記述もある。当時、当主隆元は「本城」にいたが父の元就は郡山山頂の「かさ」におり、その間に「粟掃井新丸」があったことが知られる。その後隆元は「粟掃井新丸」に移ったようで、移った後この場所は「尾崎」と呼ばれる。天文19年（1550）には「おさき御つほね」の記述がある（『毛利家文書』398）。また城域の拡大については、同20年、城を巡る堀が本城の西、郡山南麓の興禅寺門前に設けられたらしく、この時期に城域が拡張されたのではないかとされている（木村1994）。

このように隆元の家督相続の後、郡山城は本城から郡山全山に城域を拡張したことがうかがわれる。この頃、家臣が交代で郡山城に登城して番衆を務めた「毛利氏番帳」が残されている（『毛利家文書』629）。当初、天文20年には3人一組で11番まであり、翌21年には隆元からの「五間たまり所番衆」への申渡書もある。弘治4年（1546）の番帳（『毛利家文書』631）にはその番が一日一夜の交代であったことが示されている。郡山城の管理は厳重に行われたようである。

天文20年（1551）陶隆房（晴賢）のクーデターで大内義隆が自殺。毛利氏はこれに呼応して広島湾を制圧するが、同23年には陶氏と断交、厳島を占拠する。翌弘治元年（1555）陶晴賢は厳島に上陸するが、毛利軍の奇襲で晴賢は敗退、自殺する（厳島合戦）。その後毛利軍は西進し、同3年には大内氏を継いだ義長が自殺して大内氏は滅びる。これにより毛利氏は安芸、備後、周防、長門と石見の一部を領国とし戦国大名となった。さらに石見を攻略、出雲にも進出するが、永禄6年（1563）隆元は死亡する。この時幸鶴丸（輝元）は元服前であった。

隆元の生前には、元就からの「尾崎」への多数の文書、隆元による「かさ（嵩）」「小座敷」「御親類衆之御座敷」「外様衆座敷」「たまる所」「風呂湯殿」「上り殿」「小風呂」など、城内の施設・部屋や、「妙玖庵」「満願寺」などの寺院、郡山麓の「里」「里衆」など郡山城に関わる名称が多く見られる。

隆元死後の永禄10年頃と考えられている赤川元保の不信を述べた元就書状（『毛利家文書』548）には、「談合」しようと元保を呼んでも耳が痛い

といって応じず、たまたま登城したときは「尾さき（隆元）」へのときは「おれうの寺（御寮＝元就の妻の寺）」まで、「かさ（元就）」のときは「桂左所（桂左衛門大夫）」のところまでしか来ない。これは元保にやましいことがあるからだとの記述があり、「かさ」の下に側近の「桂左所」の居所、「尾さき」の下に「おれうの寺」があったことが知られる。つまり郡山城には多数の郭があり、それぞれの郭には役目に応じた重臣や寺院などが配置され、重臣や寺社の名でその場所を示していたことが知られる。

　石見攻略後、永禄5年（1562）から出雲に進出、同9年には尼子義久が降伏、富田城が開城して出雲を制圧する。

　永禄11年（1668）益田藤兼は、子息次郎（元祥）を伴って吉田を訪れ毛利氏への挨拶と次郎の元服式を行い、城内の満願寺で観世太夫宗節一座の能狂言を催すが、この時益田氏主催の祝宴が「上ノ御座敷」で行われている（『益田家文書』33−2）。元就・輝元は山上におり、この「上ノ御座敷」は城内の山上にあった可能性がある。

　元亀2年（1571）元就が没すると、翌年、輝元を補佐する福原貞俊、口羽通良、吉川元春、小早川隆景の「御四人」から赤川就秀など「年寄衆奉行之者」に11条の「掟」が示される（『毛利家文書』404）。その冒頭に「在城之事」があり、かつて交代で城に勤めた在番から「年寄衆奉行之者」は在城することとなった。

　天正元年（1573）京都では織田信長が足利義昭を追放し室町幕府は滅亡する。同4年には足利義昭が鞆に下向、毛利氏は織田信長と対立することになり、以後播磨、因幡を境として対立を続けることになる。

　天正9年（1581）の伊勢神宮御師村山氏の『芸州吉田沼田中郡御祓賦帳』「郡山之分」（『村山家檀那帳』）には「御屋形様（輝元）」「御かミさま」など74名の記載がある。これは村山氏が毛利氏領国の1087名の檀那に「御祓」を配った名簿で、「郡山」など61の地域別になっている。「郡山之分」を分析された秋山伸隆氏によると（秋山2013）、檀那の内訳は、当主輝元を含む武士31名、武士の家族19名、寺社16、「まち」の住人8名で、当主輝元の「御屋形様」から夫人の「御かミさま」、「御つほねさま」、「満願

寺」と続き、側近の奉行衆桂左衛門大夫、近習衆の木原次郎兵衛、年寄衆の平佐藤右衛門尉、井上但馬守、近習衆の宍戸但馬、宍戸左馬助、片田三郎左衛門尉、奉行衆の児玉三郎右衛門尉、国司右京亮などが続き、「まち」や興禅寺などの寺院の後に、里近習衆の佐藤彦三郎、国司雅楽亮などが記されている。この順番は城内中心の山頂から下方の山麓へと「御祓」を配った順路を示しているのではないかとされている。このなかで注目されるのは、側近の奉行衆桂左衛門大夫、近習衆の木原次郎兵衛が年寄衆を差し置いて先に記されていることで、まさに側近として「御屋形様」の近くにいたことがわかり、年寄衆や桂左衛門大夫を除いた奉行はその周り、例えば内郭部の「丸（郭）」に詰めていた可能性がある。年寄衆は4名、奉行衆は7名、近習衆は4名、里近習衆は3名が記されており、在城を指示された「年寄衆奉行之者」と近習衆が山上の城内に詰めていたことがわかる。また寺社は山麓のものを除いても10を超し城内に多くの寺社があったことと、山麓には祇園坊（祇園社・清神社）、興禅寺などの寺社のほか、佐藤彦三郎、国司雅楽允などの里近習衆がいたことがわかる。

周辺の状況　この時期、吉川氏でも郡山城の拡大とほぼ同時期の天文14年（1545）頃、興経が小倉山城から日山城（北広島町）へ本拠を移転（木村2000）、同16年には毛利氏から元就の次男元春の吉川氏相続の契約が成立、同19年には日山城に入城している（『吉川家文書』442）。その後、永禄6年（1563）には城内で正月の恒例行事や、同10年（1567）には城改修の記事もある。三男の隆景が入った竹原小早川氏でも沼田小早川氏と統合した後、天文21年（1552）にそれまでの沼田小早川氏の居城高山城から対岸の新高山城（雄高山城、三原市）に本拠を移している。永禄4年（1561）の新高山城には「巨真寺」、「会所」、「裏座敷」、「高間」などがあったことが知られ（『毛利家文書』403、毛利元就父子雄高山行幸日記）、天正5年（1577）には巨真寺で毛利元就の七回忌法要が行われている。同9年には城内に「小早川殿さま」「御かみさま」「桂宮内少輔殿」などがいたことが知られる（『芸州吉田沼田中郡御祓賦帳』「高山之分」『村山家檀那帳』）。郡山城と同様に当主から夫人、重臣、寺院まで序列に基づき居所である郭が配置されたこと

がわかる。このほか宍戸氏の五龍城（安芸高田市）や武田氏から毛利氏の支配となった銀山城（広島市）、平賀氏の頭崎城（東広島市）でも城域の拡大や改修が知られる。このようにこの時期には本拠城の拡大・移転があり、郡山城や新高山城では当主だけでなく家臣もそれぞれ山上の郭に詰めていたことがわかる。この時期、毛利氏への権力の集中により安芸での戦乱は減少するためか陣などの記録は明らかでない。

拡張された郡山城　天文15年（1546）の隆元の家督相続により、当主となった隆元は本城に入り（後に尾崎に移る）、隠居の元就は「嵩（郡山山頂）」に移った。当主が「要害」に入り、隠居がそこから離れた場所に居たことは、吉川氏でも天文13年の吉川興経の文書で、小倉山城の中心に当主興経、三の丸に隠居（後見人）の国経（「三重之上様」）がいたことが確かめられている（木村2000）。

天文19年（1550）には井上一族討伐により毛利家中で元就の支配権が確立、一方、大内氏では陶隆房のクーデターがあり大内義隆が自殺。毛利氏も呼応して広島湾を制圧する。この頃から城域を「本城」から「嵩」を中心とした郡山全山に広げたものと考えられる。弘治元年（1555）の厳島合戦の後、元就は大内氏も倒し戦国大名となる。城域を拡大した郡山城は戦国大名の城として整備が続けられたようで、当時の文書には郡山城内の施設、部屋や寺社などが多く記され、家臣が交代で番衆を務めていたこともわかる。

永禄6年（1563）隆元が没し、幸鶴丸（輝元）が家督を継ぐが、元亀2年（1571）には後見である元就も没する。元就没後は輝元を補佐する「御四人」体制となり、郡山城は家臣の「在番」から「年寄衆奉行之者」は「在城」となり、天正年間には当主輝元や家族とともに有力家臣も城内に居住することになる。

この頃郡山城は、戦国大名の居城として有力家臣が山上に居住し政務に当たるとともに、城内で観能や儀式・饗宴も行われるように整備され、城は毛利氏の権威の象徴となった。

4 郡山城の改修

　天正10年（1582）の本能寺の変の後、輝元は備中高松城で秀吉と講和する。以後毛利氏は秀吉に臣従することとなり、四国や九州に出陣、同16年には秀吉の指示により上洛する。

　この頃郡山城では、天正12年には郡山の「麓堀掃」「堀普請」を行い「会所」「城内之普請」「大門」の建設を行いたいとしている（「二宮就辰宛毛利輝元書状」）。同16年、輝元の上洛直前には城内の「石組」を伴う「惣普請」が計画されるが（『洞春寺文書』7）、実施されたかどうかは明らかでない。ただ、郡山城中枢部には権威を示すかのように虎口を持つ壮大な石垣が3重にわたって築かれており、大規模な工事はこの頃行なわれたものと考えられる。毛利氏では秀吉との講和により外政から内政に重点が移ったものと思われる。この頃の城内には「和信丸」「長屋之丸」「赤筑丸」などの郭があった。

　上洛の翌年、輝元は新たな本拠として太田川河口に広島城（広島市）の鍬初めを行ない（『山県源右衛門覚書』）、同19年には広島城に入城する。その翌年には肥前名護屋城に向かう秀吉が広島城を見ている（『毛利家文書』1041）。広島城は広島湾の三角州に本丸・二の丸・三の丸などの郭を築造したもので、平面プランが聚楽第と類似することや金箔瓦や菊文、桐文瓦の出土、さらに朝鮮出兵を計画していた秀吉と毛利氏との関わりなどから、築城にあたって秀吉の強い関与があったことが考えられている（福原2001）。

　広島移城後、郡山城がどう使われたかは明らかでないが、文禄年間に朝鮮出兵から帰国した穂田元清が小早川隆景の伴をして「吉田」に出頭したとの記事（「山田家文書」）があり、慶長5年の関ヶ原の戦いまでは使用されていたと考えられている（篠原2003）。

　周辺の状況　この頃吉川氏では元春の引退に伴い天正11年（1583）には日山城麓に隠居所として吉川元春館（北広島町）の建設が始まる（木村1996b）。館の周囲には、屋敷区域や、商・工業区域が造られ城下町の建設が計画されたものと思われる（木村2002）。本拠の日山城では天正16年に

「新庄普請」が行われる。中枢部の総石垣化や中城郭群の増築などの改修はこの時期と思われる。しかし同 19 年、元春、元長から吉川氏を継いだ広家は出雲富田城に転封される。

　小早川氏は新高山城にいた隆景が永禄 10 年（1567）に三原城（三原市）を築いたとされるが（「沼田小早川家系図」）、天正 3 年（1575）の「中書家久公御上洛日記」や同 5 年の元就 7 回忌法要の記録から、この頃まで隆景の本拠は三原城ではなく新高山城であったとされている（本多 2017）。さらに同 9 年（1581）の『芸州吉田沼田中郡御祓賦帳』「高山之分」（『村山家檀那帳』）でも、当時隆景は新高山城にいたことがわかり（前掲）、三原城が小早川氏の本拠となるのはそれ以後と考えられる。隆景は同 13 年（1585）四国に出兵し伊予を与えられ、翌年には九州に出兵して同 15 年には筑前、筑後を与えられる。その後小田原城攻めや朝鮮出兵に加わり、文禄 4 年（1595）には秀吉の五大老の一となるが、同年引退する。翌慶長元年（1596）隆景は家臣に三原城の「門矢倉」を年内に完成させるよう命じている（「国定文書」小早川隆景書状）。三原城の築城は秀吉と講和した天正 10・11 年頃から始まり、隆景が隠居後本格的に進められたと考えられている（本多 2017）。なお、三原城については、天文 22 年（1553）に「三原要害在番」の記録（『萩藩閥閲録』41 志賀茂衛門）があるが、これが現在の三原城と同一のものか否かは明らかでない。

郡山城の改修と廃城　天正 10 年代以降豊臣大名となった輝元は郡山城内や麓の整備を計画・実施した。郡山城は廃城後の破城により石垣は原形をとどめないが、中枢部に見られる方形を意識した 3 重の石垣や瓦葺建物などの痕跡は、毛利氏の権威を示し、見られることを意識したものであり、この時期に整備されたものと考えられる。しかし、天正 17 年からの広島城築城と移城により、毛利氏の本拠城としての郡山城の役割は終えることになる。

　なお、廃城後については、浅野氏の時の寛永 8 年（1631）以前に郡山は藩の御建山になったようで、宝永 2 年（1705）の『高田郡村々覚書』には島原の乱（1637・38）に伴い惣堀が埋められたとの記事がある。中枢部石

垣に見られる破城の痕跡はこの時のものと考えられる。

5 史料から見た郡山城

　毛利氏と吉田との関係は、13世紀前半にさかのぼるが、文永7年（1270）に時親が吉田荘地頭職を譲られ、建武3年（1336）に吉田荘に入って以降本格化する。史料で城が確認されるのは文和2年（1353）元春の「吉田城」からである。この頃、毛利氏では惣領家の地位は確立しておらず、庶家など一族はそれぞれの所領に屋敷を構え、背後の山に緊急時に備えた臨時施設である城（砦）をもっていた。「吉田城」も屋敷に伴う臨時的施設と考えられるが後の郡山城に直接つながるか否かは明らかでない。

　15世紀後半から16世紀初頭の文書には「郡山」や「要害」「城誘」などの記述があり、大永3年（1523）には家督を相続した元就が「郡山」に入城。天文9年（1540）には郡山城が尼子軍に攻められ籠城している。この頃、惣領家はその地位を確立し、恒久施設としての本拠城である郡山城（本城）が存在していたことがわかる。

　天文15年（1546）の隆元相続後、隆元の「本城」は元就のいる「かさ（山頂）」と遠いので郡山中腹の「粟掃井新丸」に移りたいとし、移った後は「尾崎」と呼ばれた。また、同20年頃には本城麓の堀が西に延長される。この頃までに郡山城は本城を含む郡山全域に拡張されたらしい。毛利氏はこの時期、厳島合戦、大内氏の滅亡、出雲尼子氏の制圧と、安芸国外への進出が続き戦国大名となる。元就の没後、毛利氏は御四人態勢で輝元を支え、織田信長と対峙することとなる。郡山城内については、元就没後の元亀3年（1572）、それまで「番衆」が努めていた「在番」から、「年寄衆奉行之者」は「在城」することになる。また天正9年（1581）の『芸州吉田沼田中郡御祓賦帳』「郡山之分」では「御屋形様（輝元）」など74名の記載があり、当主輝元から有力家臣まで山上居住が行われていたことがわかる。

　天正12年（1584）には、郡山の「麓堀掃」「堀普請」や「会所」「城内之普請」「大門」の建設の予定もあった。同16年（1588）には城内の「惣普請」が計画されるが、この頃秀吉から上洛の指示があり輝元は上洛する。

表6-1　史料に現れた毛利氏と本拠の動向

元号	西暦	毛　利　氏　の　本　拠
宝治1	1247	毛利経光、吉田荘地頭職を安堵される。（これより先、季光が吉田荘地頭職を得る）
文永7	1270	経光、時親に吉田荘地頭職を譲る。
建武3	1336	時親などが、吉田荘に入る。
文和2	1353	**元春の「吉田城」が「破却」される。**
永和2	1376	郡山に「郡山殿（郡山坊主）」とよばれる僧がいた。
応永11	1404	安芸国人 33 人一揆契約。
応永26	1419	一族の惣庶間抗争、**光房が「吉田城」を守る。**
享徳2	1453	**粟屋縫殿に郡山「城誘」の指示。**
応仁1	1467	応仁の乱（～ 1478）
永正9	1512	安芸国人 9 人一揆契約。
永正13	1516	**興元の死後、粟屋元貞が「在城」。**
永正14	1517	元就、武田元繁を討つ。
大永3	1523	**元就家督相続。「郡山」に入城。**翌年大内方に復帰。
享禄3	1530	高橋氏を滅ます。
天文9	1540	**郡山合戦（～ 1541、尼子詮久来襲・撤退）。**武田氏滅亡。
天文11	1542	大内義隆に従い出雲に出陣するが翌年には敗退。
天文13	1544	元就三男隆景、竹原小早川氏相続。
天文15	1546	隆元家督相続。
天文16	1547	元就次男元春、吉川氏相続契約。
天文19	1550	井上一族討滅。毛利氏家臣連署起請文提出。元就の支配権が確立。
天文20	1551	陶隆房のクーデターで大内義隆自殺。毛利氏も呼応して広島湾制圧。
		この頃、本城から郡山全山に拡張。以後、「かさ」「本城」「小座敷」などの記載。
天文23	1554	陶氏と断交、厳島占拠。（防芸引分）
弘治1	1555	厳島合戦。（陶晴賢上陸。毛利軍の奇襲により陶軍敗退、陶晴賢は自殺）
弘治3	1557	大内義長自殺。大内氏滅亡。毛利氏周防・長門を制圧。元就「三子教訓状」。
永禄2	1559	毛利氏石見攻略。
永禄6	1563	隆元死去。幸鶴丸（輝元）は元服前。
永禄9	1566	尼子義久毛利氏に降伏。富田城開城。毛利氏出雲を制圧。
永禄10	1567	**郡山城内で観世大夫が演能。**この頃、城内に「尾崎」「桂左所」などの記載。
永禄11	1568	**郡山城内で益田元祥の元服式。**祝宴は「上ノ御座敷」。
元亀2	1571	元就死去。
元亀3	1572	**毛利氏掟「年寄衆奉行之者」は郡山城に「在城」。**
天正1	1573	織田信長が足利義昭を京都から追放する。室町幕府滅亡。
天正4	1576	足利義昭、鞆に下向。毛利氏水軍、石山本願寺に兵糧を入れる。
天正9	1581	**郡山城内に「御屋形様」など 74 名の記載。**
天正10	1582	織田信長、本能寺で討たれる。輝元、秀吉と高松城で講和。
天正12	1584	**郡山「城内之普請」や「大門」建設の計画。**
天正13	1585	輝元、秀吉から 112 万石をえる。
天正14	1586	毛利軍、九州へ出兵。**この頃「御局様方」「岸」の記載。**
天正16	1588	輝元上洛。領国検地。**郡山城の「石組」を伴う「惣普請」の計画。**
天正17	1589	広島城の「鍬初」、築城開始。
天正19	1591	輝元、広島城に入城。
文禄1	1592	秀吉が広島城を見る。
		この頃、小早川隆景ら吉田（郡山城）で参会。
慶長5	1600	関ケ原の戦い。毛利氏は周防・長門へ移る。

同年に普請が実施されたかどうかは明らかでないが、中枢部の石垣による改修はこの時期と考えられる。上洛の翌年、輝元は新たな本拠として広島城の築城をはじめ、同19年には広島城に入城する。その後の郡山城は明らかでないが、文禄年間に隆景らが吉田で参会しており、慶長5年の関ヶ原の戦いまでは使用されていた可能性が高い。

　その後については、宝永2年（1705）の『高田郡村々覚書』に、島原の乱（1637・38）に伴い惣堀が埋められたとの記載がある。

　これら史料調査の成果はこれまでの考古学的調査の成果と矛盾しない。

第7章　安芸の城館から見た郡山城

1　安芸の城館
（1）城館の概要

　安芸では700カ所以上（近年の調査では約850ヵ所とされる）の中世城館が確認されている。このうち郡山城のように同時代史料でその存在が確認できるものは約90城、発掘調査が行われたものは85城で、それぞれ全体の1割強を占めるにすぎず、これらで得られる情報は意外と少ない。史料からは城に関わる人物、合戦の場としての城の使われ方、具体的な年代などを知ることができ、地域史の舞台として語られることが多い。また、発掘調査からは城館の規模・構造、施設の内容、相対的な年代などを知ることができるが、それはあくまで個別情報であって個々の情報からだけでは地域での役割や政治、経済、社会などの解明に直接的に結び付けることは困難である。このように両者の調査には特性があり、全体像を明らかにするためには両者を総合して考える必要がある。ここでは発掘調査の成果を中心に分布調査の成果を加え、安芸の城館の全体像を探り、その中で郡山城の位置を考える。

（2）城館の分類と年代

　分布調査のデータから見た安芸の城館は、面積3,000㎡以下の小規模なものが55％、高さは50m以上のものが56％で、小さく山上にあるものが多く、郭も600㎡以下と小さいものが大半である。

　発掘調査のデータでは、堀切は65％、土塁は50％、建物は60％、出土遺物は70％で見られるなどのことがわかり、遺構・遺物の検出状況からは城館の使用状況を知ることができる。すなわち城館が生活の場として日常的に使用されたのか、臨時的なものなのかの別である。前者には、①山上で領主が居住した**城**（小～大規模城）、②防御施設を持つ**屋敷**（方形館・館城・館）、③山上の施設を平地に下した**平城**があり、後者には④戦時の

ための臨時施設である**陣**、⑤村人の自衛のための施設である**砦**がある。これらの出現比率は、城23％、屋敷28％、平城3％、陣25％、砦21％となり、郡山城のような城は城館全体から見れば4分の1しかなく、史料に残らないその他の城館が多いことがわかる（小都2005・10・18）。また出土遺物や遺構による年代比定では、郡山城で見られる時期区分で、本城築城以前（室町期以前）15％、本城期（戦国前期）66％、拡張した郡山城期（戦国後期）13％、改修期（織豊期）6％となり、時期的には戦乱が続いた本城期（戦国前期）のものが半数以上を占めていることがわかる。次に、時期別にその様相を見る。

2　室町期以前の城館

（1）発掘調査例

　発掘調査例は13例と少なく城、屋敷、砦に3分される。

　城には、有井城、亀崎城（以上広島市）のような小中規模城があり、大規模城の中心部郭に遺構が密集する恵下山城（広島市）の例もある。いずれも戦国前期まで改修しながら継続して使用されている。前者では、低い尾根の先端背後を掘り切るだけで郭は小さく、遺構も少ない。このうち有井城は前面に屋敷があり、日常的には屋敷に居住、城は緊急時にのみ用いられた可能性がある。後者の恵下山城では、尾根頂部の広い郭に複数の建物や水溜などがあり居住施設として用いられたが、この郭以外の周囲の郭には遺構・遺物は見られない（広島県教育委員会1977）。

　屋敷には、城仏土居屋敷（東広島市）などの方形館と道照遺跡（東広島市）などの館城、そして自然地形を生かした三太刀遺跡（三原市）があり、戦国前期に継続して使われるものが多い。三太刀遺跡は周囲を天然の土塁となる低丘陵で方形に囲まれた大規模な屋敷で、複数の大型建物や庭園が調査されており、小早川氏の初期の屋敷とも考えられている（広島県埋蔵文化財調査センター2003）。

　砦は、恵下城（広島市）や小奴可城、平家ケ城（以上北広島町）、大迫城（東広島市）などがある。屋敷に次いで多く見られる。恵下城、小奴可

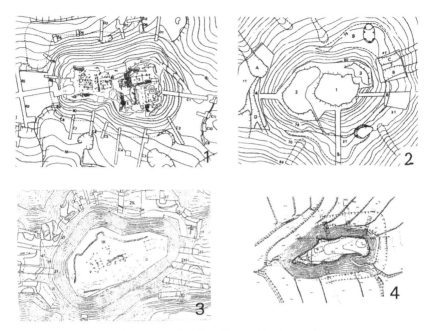

図7－1　室町期以前の城館（1:1,500）
1恵下山城（城）　2亀崎城（城）　3恵下城（砦）　4小奴可城（砦）
（小都2005より）

城は狭い谷沿いに点在する小集落に伴う単郭の臨時的施設で次時期まで使用され、平家ケ城は集落共有の炭窯群の跡地を利用している。いずれも小規模城に類似するが遺構は散漫で遺物もほとんど見られず、緊急時の臨時的な施設である。砦は史料からは明らかにできないが、この時期領主の広域支配はなく、村々は自らの村を自力で守っていたことが考えられる（小都2005）。

（2）室町期以前の城館

　在地の武士や西遷した武士たちは、自領に方形館や館城などの屋敷を設け、背後の丘陵に緊急時の避難所として堀切や柵だけの小規模城を築いた。しかし、その施設は簡易で、史料に見られるように「楯籠」っても「追落」

されたり「破却」されたりした。領主の力は弱小で領民の保護が十分でないことがあり、領民は自らを守るために集落ごとに小規模城に類似した砦を築くが、その役割は村の城・避難所であり、氏神社を利用するものもあった（小都 2005）。

安芸では守護の力が弱く、領主たちも惣領家の地位が確立しておらず不安定で一族間でも互いに争うことがあった。応永 10 年（1403）の安芸国人 33 人の一揆契約に見られるように、相互に契約を結ぶことによって周辺からの圧力に対応していたようである。

3 戦国前期の城館
（1）発掘調査例
発掘調査例は 57 例と多く内容も多彩である。

城はこの時期の城館の 37％を占める。前時期に見られた小規模城のほか、池田城、伴城、地蔵堂山城（以上広島市）、上条城（東広島市）などの中規模城が増え、さらに草津城（広島市）、宗高尾城（廿日市市）、鏡山城（東広島市）、小倉山城（北広島町）などの大規模城もある。伴城では土器、陶磁器類などの生活用具のほか兜などの武具、宗高尾城では祭祀遺物、小倉山城などでは生活用具のほか奢侈品や茶道具などの威信財が出土している。鏡山城では郭群の斜面に畝状竪堀群を加え、周囲一帯に鏡西谷、鏡東谷遺跡など加工の少ない陣が造られ戦時に伴う防御が固められている。小倉山城は郭群を単位として城域の拡大が行われているが、発掘調査の行われた本丸郭群ではそれぞれの郭でも拡張や改修があったことが確かめられており、郭は虎口や居住・見張り・通路など互いに役割を分担していたことが想定される（小都 2008a）。前時期に中心部の郭のみに遺構の見られた恵下山城はこの時期に城域を拡大したものと考えられ、大規模城の多くは戦国後期に継続している。この時期、臨時的な性格の強い小規模城から恒久的な居城としての中・大規模城への転換が行われたようである。尾根を利用することから堀切は大半で見られ、連続堀切や畝状竪堀群を持つものもある。切岸は急で、背後に土塁を持つものも多い。遺構では、掘立柱

建物のほか土坑や埋甕、溝、柵も見られ、土止めの石積、井戸、通路を持つものもある。このほかに高崎城（竹原市）のように小規模城ながら海や港を意識したものもある。

屋敷は21％を占める。城仏土居屋敷のような方形館のほかに、低丘陵先端の段差を利用し横堀を巡らした寺家城（東広島市）もある。この時期特徴的なのは、薬師城（東広島市）や行武城（三原市）のように、低丘陵背後を掘り切り単郭とした館城で、郭の周囲を土塁で囲み、内部に複数の建物や土坑、井戸などが見られる。出土遺物も多く長期に使用されたらしい。なかでも薬師城からは青磁花文壺や褐釉四耳壺などの威信財が出土し居住者の経済力や文化的レベルの高さがわかるものもある（広島県埋蔵文化財調査センター 1996）。

陣はこの時期に出現する。この時期の城館のなかでは30％を占め城に次いで多い。堀切や柵などの防御施設はあるが遺構は散漫で出土遺物も少ない。機能では出城と陣城が想定されるが、その区別は困難である。立地と発掘された遺構からは、①本拠城に附属するもの、②領地・権力の境界にあるもの、③交通の要衝や展望の開けた場所に見張りとして置いたものに分類でき、④海上交通を意識したものもある。このなかで①の寺山城は熊谷氏の高松山城、尾首城は武田氏の銀山城（以上広島市）に伴うもので、複数の郭を持つが出土遺物はほとんど見られない。鏡西谷遺跡、鏡東谷遺跡は大内氏の鏡山城に伴うものだが遺構はほとんど見られない。こうした例は戦乱の記録のある城跡には類例が多く、戦時に緊急に築かれたものと考えられる。②の串山城、今市城（以上広島市）は旧山陽道沿いにあり、周防の大内氏の進出に対し安芸分郡守護武田氏が出陣した大永3〜6年（1523〜6）の争乱時のものと想定されている（広島市歴史科学教育事業団1995）。③の三ッ城（広島市）は瀬野川に沿う高所尾根上にある。尾根を掘切で分断し畝状竪堀群を持つが居住施設は明らかでない。瀬野川沿いを見渡せ、狼煙穴をもつことから流域の見張りに用いられたものである（広島市教育委員会1987）。川を見渡す交通の要衝にある福原城（東広島市）もある。④の葛城（大崎上島町）では海に面した丘陵先端に見張りと思われ

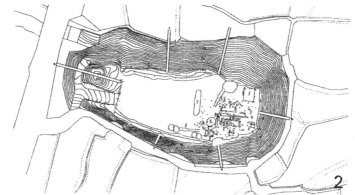

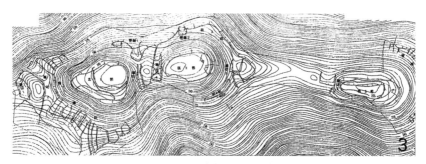

図7－2　戦国前期の城館　（1:1,500）

1小倉山城（城・部分）　2薬師城（屋敷）　3三ッ城（陣）

（小都2005より）

る掘立柱建物がある。

　砦は、小奴可城（北広島町）や向城（東広島市）、金売城（三原市）などがあるが、その数は少ない。

（2）戦国前期の城館

　地域の小領主たちは惣領家の下に結集し、国人領主は、屋敷だけでなく日常的に維持・管理される（「城誘」）恒常的な施設である城を持つようになる。戦乱が続くなかで、城は高い切岸や堀切、土塁などの防御施設を整え、規模も拡大、用途に応じた建物など居住機能も整備して、戦時に耐える施設となる。安芸の国人領主たちは安芸国人9人の一揆契約などで結束する一方、周辺からは周防の大内氏や出雲の尼子氏などの進出による戦乱に巻き込まれ、軍事施設である陣が各地で築かれる。陣は城と異なり臨時的なことから、築かれた目的や時期、場所、築造者などの個性が表れやすい。発掘調査は行なわれていないが天文9年の郡山合戦をめぐる陣は特徴的である。こうした戦乱の中で毛利元就は高橋氏や武田氏を滅ぼし吉川氏や小早川氏に次男元春、三男隆景を送るなどして勢力を広げ、安芸の盟主として力を持っていく。この間、領主たちは従前どおりの屋敷を持つが領主の中には屋敷の居住機能を山上の城に移すものもある。領主に保護されない村では自らの施設として砦を持つが、その比率は前時期より減少する。村の維持がそれまでの村の自治から領主の支配となったためかもしれない。

4　戦国後期の城館

（1）発掘調査例

　発掘調査例は11件と著しく減少する。大規模城が主で屋敷も見られる。

　城は、郡山城や池田城（広島市）、頭崎城（東広島市）など、前時期から継続して使用されるものでは規模を拡大する。いずれも切岸を整え郭や堀切を拡大して多数の郭を連ねる。建物や土坑のほか虎口や井戸、石垣、石積を持つものもある。周囲から展望できる高所に立地し全山を利用することから、それまでの城とは規模・構造・外観共に格段の差が見られる。それまでの防御に力を入れた軍事中心の施設から政治中心の施設へと機能

を変えたことが考えられる。こうした大規模城のなかには史料により城主の確かめられるものがある。分布調査の成果を合わせると、この頃の新規築城では小早川氏の新高山城（三原市）、吉川氏の日山城（北広島町）などがあり、城域の拡張は郡山城や頭崎城のほか宍戸氏の五龍城（安芸高田市）などが知られる。

　屋敷は、方形館では荒谷土居屋敷（東広島市）、館城では薬師城など前時期に引き続いて使用されるものがある。この時期、御土居遺跡（東広島市）のように微高地に規模の大きな敷地を造成し、正面に門を開いて石垣を巡らす館が現れる。御土居遺跡には礎石や掘立柱の建物、井戸、土坑など様々な施設があり、一括廃棄の土師質土器など出土遺物も多量に見られる。平賀氏の居城白山城麓の白市にあることから平賀氏の館と考えられている（東広島市教育文化振興事業団 2006・07）。この他、大規模城の山麓に大小の屋敷群を持つものとして、郡山城西麓の大通院谷遺跡がある。ここでは石垣をもつ大型の屋敷と小型の屋敷群があり、それぞれに建物と井戸がセットで見られる（吉田町地域振興事業団 2002・03）。

（2）戦国後期の城館

　城館は著しく減少する。毛利氏は芸備を制圧し、周防、長門、石見、出雲に進出する。芸備での争乱は収まり、毛利、吉川、小早川氏などの戦国大名や有力国人は本拠を、それまでの軍事中心から政治中心の施設へと機能を変え、権力の象徴として居城の整備・拡大を行う。城は史料から知られるように郡山城、日山城、新高山城などの大規模城が本拠として使用された。屋敷も中小領主の方形館や館城などは継続して使用されているが、この時期には御土居遺跡に見られるように間口一町を意識した広大な館が造られ始める。また大通院谷遺跡は郡山城の堀外に小規模な屋敷群が見られ毛利氏家臣団の屋敷と考えられている。この時期では地域紛争に対応した陣や砦は見られなくなり、大規模城や屋敷が主流となる。

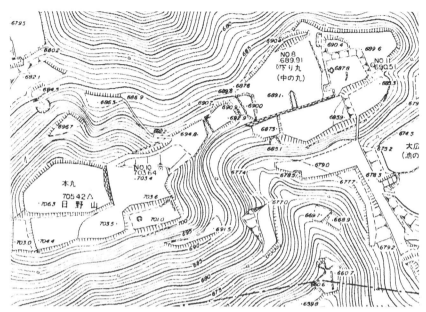

図 7 - 3　戦国後期の城館（1:1,500）　日山城（城・部分）
（大朝町教育委員会 1990 より）

5　織豊期の城館

（1）発掘調査例

発掘調査例は 5 件とさらに減少し平城が現れる。

城は、前時期から使用されている郡山城などの大規模城があり、中枢部が石垣で改修される。この改修では郭の規模を拡大して縁辺を石垣で直線的にし虎口を持つ。郡山城では礎石建物があり瓦が出土する。豊臣大名の居城としての整備と思われる。

屋敷は、吉川元春館（北広島町）や御土居遺跡などの館があり、大通院谷遺跡など大規模城の周囲にある屋敷群や荒谷土居屋敷などの方形館、館城も引き続き使用された。吉川元春館は間口一町で正面を石垣とし、内部には殿舎や付属建物など多数の礎石建物や庭園もあり（広島県教育委員会

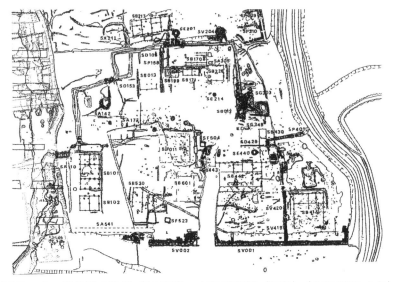

図7−4　織豊期の城館（1:1,500）　吉川元春館（屋敷）（小都 2005 より）

1996 〜 2001）、正面の公的空間とそれを囲む私的空間の別も明らかにされ
ている（小都 2008）。

　この時期、新たに**平城**である三原城の改修や広島城の築城がある。平地
や海岸に広い横堀と石垣で複数の郭を配置するもので、内郭部の周囲に家
臣団の屋敷地を配置し、規模は大規模城より格段に大きくなる。水陸交通
の要所に立地し、周囲に城下町を形成する。郭内には瓦葺きの礎石建物が
ある。いずれも以後近世を通じて使用されており、当時の遺構は後世の改
修などにより改変、発掘調査も部分的で不明な部分が多い。

（2）織豊期の城館

　城は郡山城や新高山城のように前時期の城を改修するものがあるが、一
方では広島城の新規築城や三原城の改修など織豊政権の影響により平城を
築くものもある。これらは石垣や礎石建物、瓦などがあり、最新技術を導
入した織豊系城郭となる。屋敷では吉川元春館や御土居遺跡など居城と一
体となり城下町の一部を構成するものもある。

6　安芸の城館と郡山城

（1）安芸の発掘城館

　安芸の城館の出現は南北朝期で、鎌倉時代のものは史料では知られても発掘調査からは現在のところ明らかでない。室町期以前では城、屋敷、砦しかなく、ほぼ三分される。戦国前期には陣の出現とともに全ての城館が見られ数的にも最も増加する。内訳は、城37％、陣30％、屋敷21％、砦10％、平城2％で、陣はこの時期のみに見られるが、短期間しか用いられないことを考えると、その比率は高いといえる。戦国後期には陣や砦は見られなくなり、総数も再び減少していく。内容は城が64％を占めるが、これは前時期の城のうち大規模城は戦国後期にも継続して使用されたことによる。織豊期にはさらに減少する。城、屋敷に加え新たに平城が出現する。

　分類別にみると、城は南北朝期から戦国後期まで小規模城から大規模城へと拡大、戦国前期に定着・増加する。戦国後期には数的には減るが大規模城に集約される。大規模城の比率の増加は陣・砦の減少に伴う相対的なもので、織豊期には数・比率ともに著しく減少する。屋敷は全時期を通じ安定的に見られる。室町期以前から戦国前期の方形館・館城には地域性があり、館は織豊期が中心である。平城は戦国前期に現れるが織豊期のものとは性格を異にする。いずれも政治的な背景があり特異である。陣は戦国前期に集中して見られ、本拠城に付属するもの、領地の境界にあるもの、交通の要所や見晴しの良いところで見張りを目的とするものなどがある。郡山合戦など史料にも記載があるが、分布調査の成果から新しい発見もある。砦は南北朝期から戦国前期に特徴的に見られる。規模・構造の類似するものは多い。このように分類別の構成比率は時期ごとに大きく異なっており、城館の変遷は地域社会の様子と変遷を如実に表していることがわかる。とくに戦国後期には陣や砦、小規模城がほとんど見られなくなる。これはこの時期安芸国内での戦乱が収まるとともに毛利氏の権力が強まり、自治的であった村が領民や小領主の被官化とともに、毛利氏の権力のなかに組み込まれていったためと考えられる。毛利氏と城の変遷については城

表7-1　安芸の発掘城館の出現状況

分類別（比率　%）

分類	城	屋敷	平城	陣	砦
比率	23	28	3	25	21

時期別（比率　%）

時期	室町期以前	戦国前期	戦国後期	織豊期
比率	15	66	13	6

時期・分類別（比率　%）

	城	屋敷	平城	陣	砦
室町期以前	31	38			31
戦国前期	37	21	2	30	10
戦国後期	64	36			
織豊期	20	40	40		

＊時期・分類別表では、城・屋敷に複数の時期にまたがるものがあるため個別の出現比率の数値とは異なる。

　の変遷から、室町期以前の地頭領主から戦国前期の国人領主、戦国後期の戦国大名、織豊期の豊臣大名への推移としてとらえられ、こうした動きは安芸だけでなく、守護や戦国大名の発展過程として全国的な動きの中で捉えることができる。次に時期別にその内容を見る。

（2）安芸の城館と郡山城

　室町期以前　在地の領主や西遷した領主たちは惣領家だけでなく庶家もそれぞれの領地に方形館や館城などの屋敷を設け、背後の丘陵に緊急時の避難所として堀切や柵だけの小規模城を築いた。しかし、その施設は簡易で「楯籠」っても「追落」されたり「破却」されたりした。領主の力は弱小で領民は自らを守るために村や集落ごとに領主の小規模城に類似した砦を築く。

　この時期、郡山城は明らかでないが、安芸の城館の状況と比較すると、後に本城となる尾根の東側山麓の微高地（大浜）に集落や毛利氏の屋敷が想定され、後に本城が築かれる尾根の先端に前後を堀切で区切っただけの臨時施設「吉田城」があった可能性がある。

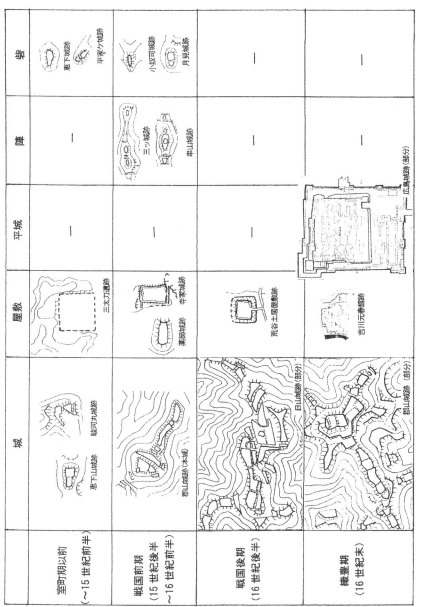

	城	屋敷	平城	陣	砦
室町期以前 （〜15世紀前半）	恵下山城跡 駿河丸城跡	三太刀遺跡	―	―	恵下城跡 平家ヶ城城跡
戦国前期 （15世紀後半 〜16世紀前半）	恵山城跡（本城） 郡山城跡（本城）	薬師城跡 半家城跡	―	三ッ城跡 串山城跡	小次郎城城跡 月見城跡
戦国後期 （16世紀後半）	日山城跡（部分）	荒谷土居屋敷跡	―	―	―
織豊期 （16世紀末）	郡山城跡（部分）	吉川元春館跡	広島城跡（部分）	―	―

図7−5　安芸の城館編年模式図（約1：10,000）

戦国前期　領主たちは惣領家の下に結集して国人領主となり、屋敷だけでなく恒常的な施設である城を持つようになる。戦乱が続くなかで、城は高い切岸や土塁などの防御施設を整え、規模も拡大、用途に応じた建物など居住機能も整備して、戦時に耐える施設となる。一方、周辺からは周防大内氏や出雲尼子氏などの進出もあり、国人領主たちは戦乱に巻き込まれ、城の整備とともに臨時の軍事施設である陣を各地に築く。こうした混乱の中で毛利氏が台頭、安芸の盟主として力を持っていく。この間、領主たちは従前どおりの屋敷を持ち、領主に保護されない村では自らの施設として砦を持っていた。この時期、全時期を通じて最も多くの城館が造られる。

　郡山城はこの時期、郡山東南尾根の防御施設が整い「城誘」が行われる「本城」で、当主が居住した。郡山合戦後、勢力が拡大し元就から隆元への家督相続や井上一族の討滅により家中の支配権を確立した毛利氏は、家中の整備とともに本城から郡山全山への城域の拡大も計画したようである。

戦国後期　毛利氏は安芸に強い影響力を持っていた大内氏、次いで尼子氏を倒して戦国大名となる。毛利氏は郡山城を拡張、国人領主たちも毛利氏と同様に城の改修・拡大・移転など、それまでの軍事中心から政治中心の施設へと機能を変えて整備し、領内の統治を強めていく。戦乱が安芸から他国へ移ることによって安芸では陣が見られなくなり、村の自衛の施設である砦も見られなくなる。ただ、中小領主の屋敷はそれまでのものが継続して用いられる。

　郡山城は本城から郡山全山に拡張される。郡山は自然地形を利用して同心円状の重層的構造をなし、それまでの軍事中心の施設から城主や重臣の山上居住の行われる政治的施設に変換する。史料から城内の郭の使用状況や管理など様々なことがわかるが、城内の郭の役割分担や構造などの具体像については明らかでない。

織豊期　戦国大名毛利氏は秀吉との講和後豊臣大名となる。石垣など新たな技術の導入による郡山城などの改修・整備も行われるが、豊臣政権の影響による新たな広島城の築城もある。屋敷には権力誇示とも思える正面の石垣や庭園を持つ館が見られる。

　郡山城では中枢部が石垣により大きく改修され礎石をもつ瓦葺建物も建てられる。権威の象徴として構造だけでなく外観も整えられる。採集遺物に含まれる多くの威信財から中枢部の機能が突出していたことがうかがわれる。しかし豊臣政権の政策により本拠は広島城に移ることになる。

　このように郡山城はその主要部分では発掘調査が行われていないが、安芸の発掘城館から明らかになった内容や変遷と矛盾はなく、むしろ典型例ともいえる内容を持っている。豊富な資料とともに戦国大名毛利氏研究の基本となるものである。

第8章　郡山城の性格と意義

　郡山は吉田盆地の北を画す東西 1.3 ㎞、南北 0.9 ㎞、高さ 190m の台状
をなす独立峰である。周辺に古代高宮郡衙が推定されているように古くか
らの政治・経済の要地であり、山頂近くに寺院（満願寺）がある宗教的な
聖地でもある。

　郡山城はこの山を利用したもので、山頂部の放射状にのびる尾根を中心
に山麓まで 270 段以上の郭を並べ城域は広大である。城は基本的に土造り
で、郭は尾根上を自然地形に沿って切り盛りするため曲線的で小さいが、
山頂部では石垣を築いて直線的に造成した大きな郭もある。

　以下、前章までに述べた地表面観察による遺構の特質や採集遺物、周辺
の発掘調査、史料調査の成果に基づき郡山城の構造と変遷をたどることと
する。

1　郡山城の構造

　郡山城の構造は現況での地表面観察による。従って残された遺構は築城
から廃城まで、その時々の改修など各期のものを含んでいる。

　全体の構造は、山頂の中枢部を内郭部、外郭部、周縁部が囲む 4 重の求
心的ピラミッド構造をなす。それぞれの郭群は中心的な郭と付属の郭が
セットとなり半独立的となるが、郭群は他の郭群と通路により繋がる。し
かし、堀切や竪堀、土塁などの防御施設は少ない。

（1）中枢部

　郡山山頂部の標高が概ね 370m 以上に広がる郭群で、郭は自然地形を大
きく変えて 700 ～ 1800 ㎡と広く、西・南側には石垣を巡らす。内郭部西
側の勢溜壇郭群との間を画す浅い堀切状の郭から御蔵屋敷下段に入ると、
御蔵屋敷上段から二の丸への通路のほか、東側の三の丸や西側の釣井壇へ
と中枢部を囲む通路が伸びる結節点となる。浅い堀切状の郭からは御蔵屋

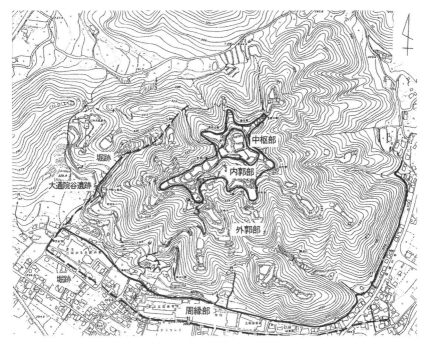

図8－1　郡山城の構造

　敷下段、御蔵屋敷上段、本丸・二の丸の３重の石垣を望むことができ、中
枢部を高さと共に石垣で視覚角的に権威づけている。このようにこの郭は
御蔵屋敷下段と共に中枢部郭群の正面、虎口となる。本丸への通路は三の
丸に登った後、御蔵屋敷上段にＵターンし、二の丸、本丸へとつながるが、
御蔵屋敷上段からは高さ３〜５mの石垣があり、石垣中に階段を持つ虎
口が開けられていたらしい。（破城により崩落）

　本丸は一辺35mの方形をなし北端に櫓台状の高まりを持つ。二の丸は
本丸よりやや小さいが礎石が見られる。三の丸は城内最大の郭で、内部は
石垣や石塁で３段に区切られる。西段は２方に通路が開き内桝形の虎口と
なり、東段からは瓦が採集され瓦葺建物があったことが想定される。瓦は
御蔵屋敷下段の北斜面にも見られるが他にはなく、瓦葺建物は中枢部でも

限られた場所しかなかったものと考えられる。中枢部では一括廃棄されたと考えられる多量の土師質土器や青花・青磁などの貿易陶磁も採集されており、伝世品と考えられる青磁の威信財のほかは 16 世紀後半のものである。すなわち、中枢部は 16 世紀後半に郡山城の最高所・中心にあって石垣が巡らされ、床飾りや茶道具などの威信財を持ち儀式や饗宴が行われる施設や、役所や倉庫などの瓦葺建物がある行政的に中枢となる施設があったことがうかがえる。中枢部は虎口である浅い堀切状の郭から見ると正面に高い 3 重の石垣がそそり立ち、毛利氏の権力を示すシンボル的な役目を持っていた場所ということができる。

なお石垣は、本丸・二の丸の西側がほぼすべて壊され、その他では石垣隅と上部が壊されたり埋められたりしている。これは破城によるものと考えられる。

（2）内郭部

内郭部は山頂の中枢部から放射状にのび、標高は 350 ～ 360m 以上に広がる 6 本の尾根上に配置された郭群で、それぞれの基部は中枢部を囲む通路で結ばれる。内郭部の郭は尾根ごとに群をなすが、それぞれに中心的な役割を果たす大型の郭を持ち郭群としてのまとまりをなす。中枢部を巡る通路に接する基部には基本的に堀切などの防御施設はない。戦時より平時を想定した造りとなっている。

釣井壇や姫丸壇、厩壇には部分的に石垣が見られるものの、基本的には土の切り盛りだけで成形される。南・西側の勢溜壇は登城道に沿って 500 ～ 700㎡ の大型の郭を連ねており、登城道から郭へは石組の階段をもつ虎口も残る。内郭部の郭は山頂部付近が放射状の尾根となる自然地形を巧みに利用したものである。

勢溜壇中腹の支尾根には、背後を掘り切り土塁で画した尾崎丸がある。尾崎丸は大型の郭で内郭部では唯一厳重な防備がなされている。当主隆元の居所とされ、この場所は南側の吉田盆地からの登城路と東側の難波谷からの登城路の交点で、郡山城の大手と考えられる郭である。尾崎丸の北東、難波谷の谷頭には広大な敷地に礎石や庭園・溜池・水路などを持つ満願寺

がある。元就入城以前の寺院で、採集された遺物も中枢部や内郭部採集の
ものより古いものがある。

（3）外郭部

　外郭部は内郭部を構成する尾根の先端や斜面にある。尾根先端では矢倉
壇や一位壇など内郭部郭群の延長上にあるものと、本城や羽子の丸のよう
に尾根背後を掘り切って独立させたものがある。

　本城は吉田盆地に面した尾根背後を３本の堀切と土塁で区切り独立させ、
16段の郭を並べた実戦的な中規模城で、戦国前期の国人領主の城として
十分な広さと構造を持つ。元就が入城した「郡山」はこの城だが、広い郭
をもち、浅い堀切から本丸への３重の段構造は、郡山山頂の中枢部の３重
の石垣構造に類似しており、元就が入城後改修された可能性がある。ここ
からは中枢部採集のものより古手の備前焼片が採集されている。本城の先
端には両側を堀切で区切った不整形な郭がある。本城が恒久施設に整えら
れる以前に「吉田城」などの臨時施設として使用された可能性がある。郡
山北東にある羽子の丸も背後を掘り切り中心的郭の周りに郭を配置したも
ので独立性が強い。北方の可愛川下流の見張りや守りとされたようである。
いずれも独立した城であったものが拡大した郡山城に組み込まれたものと
考えられる。

（4）周縁部

　郡山城は西・南側の山麓に堀を巡らせ城域を区画している。西側は大通
院谷を刻む谷川を利用した堀で山麓までのび、東に直角に曲がって伝御里
屋敷下段で検出された幅14mの内堀に続くらしい。この堀は郡山南麓に
沿って幅20〜80m、高さ２mで続くテラスを区画する溝として残る堀に
続くようで、これが郡山城の範囲となる。この堀の西に接する大通院谷遺
跡では16世紀中頃から後半にかけての屋敷割りや建物が検出されており、
堀もこの頃掘削された可能性が高い。大通院谷遺跡西の谷向い（西地点）
には大規模な屋敷跡も検出されている。

　堀内のテラス部分では、伝御里屋敷跡の試掘調査が行われているが大規
模な屋敷地は明らかでない。この東は清神社の門前を過ぎて広いテラスと

なるが、ここには幕末に芸州藩浅野内証分家の陣屋「御本館」が造られ、その東には家臣の屋敷が並んでいたらしい。堀で区画された平坦な微高地であり毛利氏時代にも屋敷地であった可能性が高い。

郡山山麓にも郭群が配置される。北側鞍部の千浪郭群では石垣で画された郭に掘立柱建物が検出されている。郡山背後の番所的な施設と考えられる。郡山南麓には祇園社（清神社）、興禅寺、貴船神社、荒神社などの社寺や山麓を利用した郭があり、常栄寺跡南の西谷遺跡では上下2段の郭が調査され、上部では版築の造成、下部では石垣が検出されている。この石垣は基礎に大石を据えるなど大通院谷遺跡の石垣に類似しており16世紀中頃以降のものと考えられ、山麓の里衆の屋敷から中枢部への登城路に伴う可能性が考えられる。

2 郡山城の遺構の特色

現状の郡山城の姿は、長く使用されて拡張や改修が続けられ、廃城となった時のものである。残された遺構や遺物から見た郡山城の特色は、

① 古くから交通・交易の中心である吉田盆地の北を画し、宗教的にも大切にされた地域のシンボルである郡山に立地する。つまり地域支配の要所に位置している。

② 台状をなす独立峰の全域を、自然地形を利用して城域とし一体的な設計のもとに中枢部と内郭部を山上にまとめ、外郭部、周縁部を求心的に配置した4重構造としている。これにより規模とともに上下に郭群を分け構造的に領主権力の強大さを示している。

③ 大規模城にもかかわらず、本城や羽子の丸などを除いて堀切や土塁などの防御施設がほとんど見られない。これは戦国前期までの戦乱を想定した国人領主の中規模城である本城から戦国大名の本拠の大規模城として平時の居住や政庁としての役割を持つ郡山城への変化と考えられる。

④ 城内に満願寺、常栄寺など多くの寺院を持つ。このうち満願寺は本城の背後・上位にあり、当初は本城を守護していたが、毛利氏権力の拡大に伴う城の拡張により城内に取り込まれている。また毛利氏当主や家族

だけでなく家臣の屋敷なども城内に配置される。

⑤　中枢部に瓦葺建物を伴い高くそびえる3重の石垣を築き、山麓には横堀を巡らす。城を視覚的にも権力の象徴として示している。

⑥　中枢部・内郭部から16世紀後半の多量の遺物が採集され、中枢部からは威信財も採集される。採集遺物の内容からは、この時期、城は当主や重臣の居住だけでなく、政務、外交の場として役所機能を持ち、儀式や饗宴、茶会などが行われる場でもあった。

⑦　寺社の権威を借りながら軍事中心の緊張感のある城（本城）から、寺社を取り込む政治的な大規模城、そして上下に3重の石垣を巡らした権威・権力を示す城への変遷がうかがわれる。つまり国人領主から戦国大名そして豊臣大名と推移する毛利氏の発展段階を城の拡大、改修にみられる遺構の推移として確かめることができる。

⑧　石垣が意図的に壊されていることで明らかなように、廃城後、破城が行われていることがわかる。

3　郡山城の変遷

　郡山城に残る遺構は、前項で述べたとおり少なくとも次の5時期がある。①15世紀前半までの本城築城以前（室町期以前）、②16世紀前半までの本城の時期（戦国前期）、③16世紀後半の郡山全山を城郭化した時期（戦国後期）、④16世紀末の中枢部を石垣で改修する時期（織豊期）、⑤17世紀初頭の廃城以後（江戸期）である。

（1）本城築城以前

　郡山には、山頂近くに奈良時代の創建とされる満願寺、南山麓に正中2年（1325）の棟札が残る祇園社や貴船神社、東山麓には楽音寺の古神明帳に記された難波明神があった。難波明神は可愛川に接する微高地にある大浜集落の背後にあり満願寺への参道入口にあたる。集落に危機が迫った時、山上の満願寺を頼り集落の背後にある丘陵（本城）先端が集落の避難所として使われた可能性は十分に考えられる。毛利氏が関わっていたとすれば、毛利氏惣領家の屋敷も大浜集落の近くにあり、緊急時には山上に登る。臨

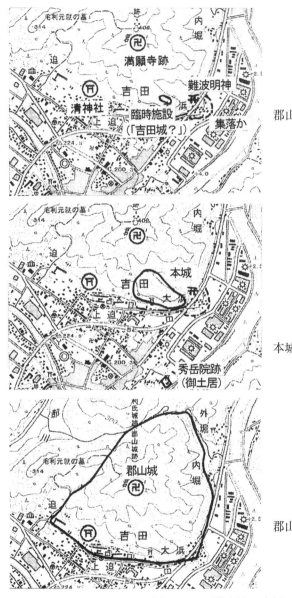

郡山城以前（14世紀から
　　　　　　15世紀前半頃）
　川沿いに集落（屋敷）
　裏山（郡山本城付近）
　に臨時施設（「吉田城」？）

本城（15世紀中頃から
　　　　16世紀中頃）
　城の上部、背後に満願寺。

郡山城（16世紀後半）
　郡山全域に拡張。満願寺
　や祇園社を城に取り込む。
　さらに中枢部を改修。

図8-2　郡山城の変遷

時的施設である元春の「吉田城」の可能性も考えられる。毛利家中で未だ惣領家の地位が確立する以前の状況を示しているのかもしれない。

（2）本城

　本城は郡山の東南支尾根に造られた城である。尾根の背後を 3 条の堀切で画し土塁を加える。麓からの比高は 90m、郭群の面積は約 6,000 ㎡で尾根上に 16 段の郭を並べる。構造は単純だが切岸は急で防御が厳重な実戦的な城である。城の背後に満願寺を背負い周囲には難波明神、貴船神社、荒神社などの神社を配置する。本城二の丸からは 15 世紀代の備前焼擂鉢片が採集されている。史料では享徳 2 年（1453）の「城誘」や長享 3 年（1489）の「郡山」、大永 3 年（1523）の元就の「郡山入城」の記載があり、さらに天文 9 年（1540）の郡山合戦や元就から隆元への家督相続まで、すなわち 15 世紀後半から 16 世紀前半の毛利氏当主の居城であったことが知られる。この頃には毛利家中で惣領家の地位が確立し、本城は国人領主の本拠として定着する。郡山東北支尾根の羽子の丸もかつては独立した城であった可能性が高い。同様な例は、安芸の国人領主熊谷氏の伊勢が坪城（広島市）、天野氏の米山城（東広島市）、阿曽沼氏の鳥籠山城（広島市）など類例が多く、安芸における 15 ～ 16 世紀前半の国人領主の本拠城として一般的な形態を調えているといってよい。

（3）郡山城全山城郭化

　拡張された郡山城は、東西 1.3 ㎞、南北 0.9 ㎞の独立丘陵状をなす郡山全域に、自然地形を生かしながら一体的な設計のもとに郭を配置したもので、中枢部を中心とした 4 重構造としている。一部を除いて堀切や土塁はなく防御に対する緊張感は見られない。本城では背後の満願寺や周囲に寺社があり神仏の加護を得ていたが、拡張後は満願寺の上に「嵩（かさ・元就の居所）」など中枢部の郭を配置して城内に寺社を取り込み毛利氏が神仏より上位に立ったことを示すほか、郭を広域に配置し居住や行政機能まで備えている。中枢部を中心に多量の貿易陶磁が採集されているが、威信財で伝世品と考えられる青磁や満願寺に 15 世紀代の遺物が見られるほか大半は 16 世紀後半の遺物である。史料では天文 10 年代に、隆元は本城の

「二重・中・固屋」に在城を命じたり、本城と「嵩」が遠く不便なため「不如意」としている。翌年には「粟掃井新丸」に移りたいとし、「粟掃井新丸」に移り、そこを「尾崎」として移ったらしい。また同時期に城麓の堀が西に延長されたことを推定させる記述もあり（木村 1997a）、郡山西麓の大通院谷に大規模な堀も掘削している。このようにこの頃には本城から郡山全山に城域を広げていたことがわかる。また、元就没後の元亀3年（1572）には「年寄衆奉行之者」は郡山城に「在城」することが「掟」で定められており、当主だけでなく重臣も山上に居住し行政機能も備えていたことがわかる。こうした大規模城の例は吉川氏の日山城（北広島町）、小早川氏の新高山城（三原市）、平賀氏の頭崎城（東広島市）、宍戸氏の五龍城（安芸高田市）などがある。前3者はこの時期に新城を築城して移転しているが五龍城は旧来の城から移動せず城域を拡張している。いずれも立地そのものが急峻で防御にはそれなりの工夫がなされているが、郭は大きく直線的となり、居住や行政機能を充実させるとともに、景観的にも城主の権力を誇示するものとしている。

（4）中枢部の改修

　郡山城の石垣による改修は、大通院谷遺跡などの低い石垣に見られるように前時期から始まるものと思われるが、高さ5mもの石垣やそれを3重にして見せるなどの大規模な改修はこの時期に行われる。主要には郭の拡張と周囲の直線化、郭南西側の整備で、中枢部正面虎口を最新の技術で整えた。これにより中枢部には瓦葺建物も建てられ城主の権力を高さ外観ともに視覚から示すこととなった。史料では天正12年（1584）に郡山「城内之普請」や「大門」の建設、同16年（1588）に「石組」を伴う「惣普請」の計画がある。秀吉と対決後の講和の時期、郡山の威容を整えたものと考えられる。安芸では土止めの石垣や低い石垣は前時期から見られるが、本格的な高石垣の築造は天正13年の築造とされる吉川元春館以後と考えられ、大規模城では日山城や新高山城でも見られる。ただこの時期、城での瓦葺建物は郡山城以外には確認されていない。

（5）廃城

　廃城は中枢部の石垣の隅や築石上部が壊され、一部の石垣は埋められる破城の痕跡から確認できる。本丸、二の丸の西側は全て、御蔵屋敷上段は築石は見られず裏込石だけが残り、御蔵屋敷下段では隅や築石の上部を壊している。史料によると、郡山城は広島城に移った天正 19 年（1591）以降も使われており、慶長 5 年（1600）の毛利氏の防長移封までは使われていた可能性が高い。近世地誌によると島原の乱（寛永 14・15 年、1637・38）に伴い惣堀が埋められたとの記述があり、この時石垣も壊された可能性がある。

　以上のように郡山城は、築城から拡張や改修を重ねて廃城まで 150 年以上、毛利氏の本拠として使用された。築城の時期は明らかでないが、この変遷は毛利氏の発展段階とリンクしていることがわかる。

4　郡山城の性格と意義

　郡山城跡の構造と変遷を見るなかで、改めてその性格を考えてみよう。

　本城築城以前については明らかでないが、毛利氏は郡山にある満願寺の麓で交通の要所である可愛川沿いの微高地に屋敷を持っていた可能性が高く、緊急時の避難所として本城が築かれる尾根に臨時的施設である「吉田城」を持っていた可能性がある。

　16 世紀前半までの本拠である**本城**は、規模・構造や、堀切・土塁などの遺構も県内の国人領主の城として一般的なもので、神仏の加護をうけながら防御中心の軍事機能を備えた居城ということができる。これは毛利氏が安芸の国人一揆を形成する一員としての姿をそのまま城に反映したものということができる。

　天文 20 年（1551）頃、郡山城の拡張による**全山城郭化**が行われる。この構造は自然地形を生かして設計・造成しているものの、規模は県内最大となり、中枢部を突出させ、それを囲んで内郭部の郭群を配置する。これらは通路で結ばれ、さらに外郭部・周縁部へと拡張している。これは毛利氏が郡山合戦などでその力を示し、安芸の領主連合のリーダーとして一歩

抜け出した状況を城という形で具現化したということができる。構造的にも城域を拡大することによって中枢部の当主とその周辺に重臣が在城する形態がとれることになり、権力の組織化が図られたことがうかがわれる。その後、弘治元年（1555）の厳島合戦、永禄年間の富田月山城攻め（〜1566）をへて、毛利氏は安芸・備後・周防・長門・出雲・伯耆を制圧して戦国大名となる。この時、居城である郡山城はすでに全山城郭化を終え、戦国大名の城に変わっている。戦国大名毛利氏の支配体制にあって、吉川元春と小早川隆景はそれぞれ有力国人領主でありながら、一方では毛利氏の内にあってその運営に参画した。具体的には、毛利氏の郡山城を中心に山陰地方は日山城（北広島町）を居城とする吉川元春、山陽・瀬戸内地方は新高山城（三原市）を居城とする小早川隆景がそれぞれ分担しており、郡山城はそれらの頂点として、極めて政治色の濃い城となった。つまりこれらの城は郡山城を中心に３者が一体となる毛利両川（吉川・小早川両氏）体制を城という形で具現化したものということができる。

　天正年間に入ると東の織田信長と境を接するが、最終的には秀吉と講和しその傘下となる。このことが織豊系城郭導入の契機となり、中枢部の石垣化、礎石・瓦葺き建物の建設など、近世城郭としての郡山城への**改修**が行われたものと考えられる。

　毛利氏の本拠に見られる、所在の明らかでない「吉田城」から「本城」、「郡山城」、中枢部の石垣による改修という変遷は、地頭領主から国人領主、戦国大名、豊臣大名という毛利氏の発展段階を示しており、城もその時々の状況に応じて、緊急時の臨時施設から神仏の加護をえながら軍事機能を持った居城、神仏の加護や軍事より行政機能を重んじた政庁、さらに権威の象徴として性格を変えていったことがうかがえる。

　毛利氏の本拠である郡山城は遺構の保存状態が良好で、築城から拡張・改修、廃城までたどることができる。その変遷は良好に残る同時代史料からも確認でき、毛利氏の成長を城という形で具現化したもので、規模、内容ともに中国地方を代表する城といってよい。個別には、郭の構造や使用状況など現地に残る遺構と良好に残された史料から、その発展段階ごとに

城内の郭の役割分担、城の維持管理や城主や家臣の住まい、家臣の務めや政治参画など城の使用状況が確認され、さらに戦国後期からは戦国大名の山上居住があり、城は軍事より行政機能を重視したこと、そこでは儀礼や饗宴などの場があり、日常的な城の管理とともに、城内の家臣や寺院の配置なども推定することができる。

5　郡山城の価値

　郡山城は保存状態が良く、規模、構造、良好に残された多数の史・資料などからその歴史的変遷をたどることができる稀有な城で、県内はもとより西国を代表する城といってよい。具体的には

（1）保存状態が良好な大規模城

　郡山城は廃城後、芸州藩だけでなく長州藩からも関心を持たれて保護を受け、地元でも地域のシンボルとして大切にされてきた。明治以降も顕彰・保存され、戦時中の史跡指定後は城への関心がさらに高まり、史跡指定のほかにも様々な保存対策が講じられ、現在に至るまで適切な管理が行われている。このため公共施設用地となった山麓部を除いて、保存状態は極めて良好である。

（2）西国を代表する戦国大名毛利氏の城

　郡山城は県内最大の規模を持ち、多数の郭が同心円のピラミッド状に配置された構造を持つ。それは戦国大名に集約された権力を大規模城という見える形で示したものといえる。内容的には①初期の国人領主の中規模城（本城）から、②郡山全山を利用した戦国大名の大規模城（郡山城）、さらに③最新技術による豊臣大名の城（改修された郡山城）への変遷である。その変遷は、軍事機能に特化し神仏の加護に頼る国人領主の本拠から、治世と外交機能を重視し神仏の上に立ち神仏を取り込む戦国大名の政庁、そして豊臣政権の力を背景に権力を誇示した居城への変化を示す。なかでも戦国後期には史料や遺構・遺物から、当主・家臣の山上居住が知られ山上中枢部の郭の役割分担や序列、そこでの生活や儀式・饗宴などが行われたことも想定できる。

（3）多様な資料から城館研究をリードする城

　郡山城は史跡指定地内では発掘調査は行われていないが、地表面調査から城の構造・変遷・個性を知ることができ、採集遺物の威信財や貿易陶磁の組成などから毛利氏権力の特質や変遷を探ることができる。また、城に直接的にかかわる同時代史料が多く、城の管理や家臣の務め、郭の名称や機能、家臣の配置まで明らかにされる可能性がある。これら考古資料と文献史料の記載に矛盾はなく、両者の成果を総合することにより戦国大名の居城の実態を知ることができる。

（4）廃城後の城の利用がわかる城

　廃城後、島原の乱を契機として破城が行われたらしい。郡山は芸州藩の御建山となるが、元就墓は長州藩祖発祥の地として長州藩士も入山し地元との関係が保たれる。芸州藩と長州藩の特異な関係がわかる。幕末には長州戦争に備え、山麓に芸州藩浅野内証分家の陣屋（御本館）が造られ、郡山の再城郭化が計画された。明治維新後は新政府の保護も受け、国策にも利用され元就は顕彰された。現在、郡山城は史跡指定されている。

　今後の郡山城については、西国の戦国大名を代表する城として保存を前提とし、その価値を踏まえたうえで最新の調査研究成果を取り入れ、将来へ向けての保存・活用策を検討する必要がある。

参考文献

安芸高田市教育委員会・安芸高田市地域振興事業団 2009『郡山城跡（西谷地点）』
安芸高田市吉田歴史民俗資料館 2007『郡山城－毛利氏 260 年の城－』資料館図録 7
安芸高田市歴史民俗博物館 2014『幕末広島吉田支藩と御本館』博物館図録 11
―――――2015a『戦国安芸高田の山城』博物館図録 12
―――――2015b『安芸高田お城拝見－山城 60 ベストガイド』
秋本哲治 2019「安芸郡山合戦と城－尼子・毛利・大内の戦略－」『戦国時代の転換点3 つの籠城戦を読み解く』とっとり考古学フォーラム資料
秋山伸隆 1993「郡山城絵図の基礎的考察」『描かれた郡山城展－絵図に見る戦国の城と城下町－』吉田町歴史民俗資料館図録 6
―――――1995「毛利氏の本拠　吉田郡山城」『広島城』歴史群像名城シリーズ 9
―――――1996「郡山城と城下町吉田を再考する」『安芸郡山城と吉田』吉田町歴史民俗資料館図録 12
―――――1998『戦国大名毛利氏の研究』吉川弘文館
―――――1999「戦国時代の安芸・備後」『広島県の歴史』山川出版社
―――――2000「毛利元就と城」『歴史読本』45-8　新人物往来社
―――――2001「新史料から郡山城の構造を探る」『記録にみる郡山城内の実像』吉田町歴史民俗資料館図録 17
―――――2013「安芸国郡山城における『山上居住』」『中世城郭研究』27
―――――2014「厳島合戦再考」『宮島学』渓水社
―――――2017「郡山城と城下の構造を再考する」安芸高田市歴史民俗博物館公開講座資料
伊藤正義 1993「城を破る」『城と合戦』朝日百科日本の歴史別冊　歴史を読みなおす15
大朝町教育委員会 1990『史跡吉川氏城館跡保存管理計画策定報告書』
尾崎光伸 1996「地表面観察による調査の成果」『広島県中世城館遺跡総合調査報告書』4　成果のまとめ　広島県教育委員会
―――――2018「広島県の中世土師質土器（椀・杯・皿）編年について（1）－安芸北部地域を中心にして－」『芸備』50　広島県の考古学
小都　隆 1973「高田郡吉田町郡山城跡採集の土師質土器」『芸備』1
―――――1988「史跡毛利氏城跡の概要」『史跡毛利氏城跡（郡山城跡・多治比猿掛城跡）保存管理計画策定報告書』吉田町教育委員会
―――――1989「郡山城」『季刊考古学』26　戦国考古学のイメージ　雄山閣
―――――1993「城郭からみた戦国大名毛利氏の成長」『考古論集－潮見浩先生退官記念論文集－』同退官記念事業会
―――――1996「発掘調査の成果」『広島県中世城館跡総合調査報告書』4　成果のまと

め　広島県教育委員会

――――1997a「毛利氏の成長を示す郡山城」「国人領主の城・初期の郡山城」「中世城郭最後の華・郡山城」「毛利氏繁栄の拠点・郡山城」『毛利の城と戦略』成美堂出版

――――1997b「広島県の中世城館遺跡調査」『日本歴史』593　吉川弘文館

――――2001「発掘調査から見た吉川元春館の構造」『吉川元春館跡の研究』広島県教育委員会

――――2005『中世城館跡の考古学的研究』溪水社

――――2008a『吉川氏城館跡』日本の遺跡33　同成社

――――2008b「郡山城跡採集の瓦について」『芸備』36

――――2009「本拠の変遷－毛利氏を中心として－」『西国城館論集』1　中国・四国地区城館調査検討会

――――2010「西国の中世城館跡」『西国の権力と城館』日本中世の西国社会1　清文堂

――――2014「中世城館跡と地域社会－廃城後の郡山城跡－」『広島の考古学と文化財保護－松下正司先生喜寿記念論集－』同刊行会

――――2015「毛利元就と二つの城－郡山城跡と多治比猿掛城跡－」『西国城館論集』3　中国・四国地区城館調査検討会

――――2018「芸備の中世城館」『芸備』50　広島県の考古学

小都　隆・小都勇二 1988「高田郡吉田町興禅寺跡発見の埋葬遺構」『芸備』19

小都勇二 1975『郡山城跡』吉田郷土史調査会

――――1982『毛利元就伝』吉田郷土史調査会

――――1985『百万一心と共に六十年－吉田郷土史調査会の歩み－』吉田郷土史調査会

河合正治 1980「広島県・概説」『日本城郭大系』13　広島　新人物往来社

――――1984『安芸毛利一族』新人物往来社

川尻　真 2009「郡山城下町の調査」『芸備』37　遺構から見た芸備の城館跡

――――2018「郡山城跡採集の堆黒」『芸備』50　広島県の考古学

岸田裕之 1999「土着の領主と東からきた領主」「境目地域の領主連合」『広島県の歴史』山川出版社

――――2014『毛利元就』ミネルバ日本評伝選

岸本　覚 1999「長州藩藩祖廟の形成」『日本史研究』438

――――2001「長州藩の藩祖顕彰と藩政改革」『日本史研究』464

木村信幸 1994「中世史料から見た郡山城下の堀・里・三日市について」『史跡毛利氏城跡－郡山城跡御里屋敷推定地試掘調査概要－』広島県教育委員会

――――1996a「文献史料調査の成果」『広島県中世城館跡総合調査報告書』4　成果のまとめ　広島県教育委員会

――――1996b「中世史料から見た『吉川元春館』の建設時期」『吉川元春館跡第3次発掘調査概要』広島県教育委員会

――――1996c「『石つき之もの共』について」『織豊城郭』3　織豊城郭研究会

―――――1997a「郡山城と城下町吉田」『中国の盟主・毛利元就』日本放送出版会

―――――1997b「実像の郡山合戦」『毛利の城と戦略』成美堂出版

―――――1999「小倉山城跡の通説を見直す」「『三重』(三の丸)はどこ」『いぶき－中世遺跡調査研究ニュース－』23　広島県教育委員会

―――――2000a「安芸国人吉川氏の本拠城－小倉山城と日山城－」『芸備地方史研究』221

―――――2000b「甦る吉田郡山城」『歴史読本』45-8　新人物往来社

―――――2001「吉川元春館の建設と石之村」『吉川元春館跡の研究』広島県教育委員会

―――――2002「日山城下町の構造」『千代田町史』通史編上　千代田町

―――――2007「吉川氏とその城・館・寺」『毛利元就と地域社会』中国新聞社

―――――2013「郡山城の居所から見た毛利隆元の位置」『毛利隆元－名将の子の生涯と死をめぐって－』安芸高田市歴史民俗博物館図録10

―――――2016「興元時代の郡山城」『毛利興元』安芸高田市歴史民俗博物館図録13

郡山城跡採集遺物調査会 2018「郡山城跡採集遺物調査報告」『芸備』49

古賀信幸 2018「郡山城跡採集の土師質土器」『芸備』49

沢元保夫 2008「城館跡出土の陶磁器」『芸備』35　出土遺物から見た芸備の城館跡

重森正樹 2011「安芸高田市郡山城跡採集の土師質土器」『芸備』39

篠原達也 2003「毛利輝元と二つの城」『毛利輝元と二つの城－広島城と残された吉田郡山城－』平成15年度特別展図録　広島城・吉田町歴史民俗資料館

柴田桂子 2014「中世城郭出土の貯蔵具」『中世城館の考古学』高志書院

庄原市文化財保護委員会 1978『山内首藤氏の支城・雲井城について－要害山・篠津原遺跡調査報告書－』

新川　隆 2018「郡山大通院谷遺跡出土の陶磁器」『芸備』49

鈴木康之 2002「中世土器の象徴性－『かりそめ』の器としてのかわらけ－」『日本考古学』14

高田郡史編纂委員会　1972『高田郡史』上巻　高田郡町村会

―――――1981『高田郡史』資料編　高田郡町村会

田村哲夫 1996「毛利軍記・物語類の系統について」『毛利元就のすべて』新装版　新人物往来社

時元省二 2009「史跡小早川氏城跡(新高山城跡)の石垣についての考察」『西国城館論集』1　中国・四国地区城館調査検討会

中井　均 2002「織豊系城郭の地域的伝播と近世城郭の成立」『新視点中世城郭研究論集』新人物往来社

西本省三編 1980『日本城郭大系』13　広島　新人物往来社

乗岡　実 2014「石積み・石垣」『中世城館の考古学』高志書院

―――――2015「秀吉政権下の宇喜多氏と毛利氏の城郭群」『西国城館論集』3　中国・四国地区城館調査検討会

―――――2019「中国地方の戦国期城郭石垣の様相」『戦国時代における石垣技術の考古学的研究』

東広島市教育文化振興事業団 2006・07『御土居遺跡発掘調査報告書』Ⅰ・Ⅱ

平川孝志 2009「小倉山城跡の登城路」『芸備』37　遺構から見た芸備の城館跡

広島城・吉田町歴史民俗資料館 2003『毛利輝元と二つの城』平成 15 年度特別展図録

広島県教育委員会 1977「恵下山城跡」『高陽新住宅市街地開発事業地内埋蔵文化財発掘調査報告』

————1978a『恵下城跡発掘調査概報』

————1978b「篠津原遺跡群」『中国縦貫自動車道建設に伴う埋蔵文化財発掘調査報告』1

————1993 ～ 96『広島県中世城館遺跡総合調査報告書』1 ～ 4

————1994『史跡毛利氏城跡－郡山城跡御里屋敷推定地試掘調査概要－』

————1995『史跡吉川氏城館跡－小倉山城跡御座所跡試掘調査概要－』

————1996 ～ 2000『史跡吉川氏城館跡－吉川元春館跡第 1 ～ 5 次発掘調査概要－』

————2000『万徳院跡の研究』中世遺跡調査研究報告 1

————2001『吉川元春館跡の研究』中世遺跡調査研究報告 2

————2002a『小倉山城跡発掘調査報告書』中世遺跡調査研究報告 3

————2002b『中世遺跡保存整備事業 10 年のあゆみ』

広島県埋蔵文化財調査センター 1993『郡山城下町遺跡』埋文センター調査報告書 108

————1995『郡山城下町遺跡－吉田郵便局庁舎新築工事に伴う埋蔵文化財の発掘調査－』埋文センター調査報告書 135

————1996『薬師城跡』埋文センター調査報告書 142

————2003『三太刀遺跡Ⅰ』埋文センター調査報告書 206

広島市教育委員会 1987『三ッ城跡発掘調査報告』広島市の文化財 37

広島市歴史科学教育事業団 1993『今市城跡発掘調査報告』事業団報告書 10

————1995『串山城遺跡発掘調査報告』事業団報告書 16

福原茂樹 2001「織豊系城郭としての広島城－発掘調査の成果から見た築城期の広島城について－」『芸備地方研究』228

————2006「広島城の瓦」『城郭瓦の変遷－織豊期から近世へ－』第 11 回中国四国地区城館調査検討会資料集

————2008「城館出土の瓦」『芸備』35　出土遺物から見た芸備の城館跡

————2009「発掘調査成果から見た広島城と郡山城」安芸高田市地域振興事業団第 16 回文化財講演会資料

藤木久志 1993「村の城・村の合戦」『城と合戦』朝日百科日本の歴史別冊　歴史を読みなおす 15

藤木久志・伊藤正義 2001『城破りの考古学』吉川弘文館

本多博之 2017「小早川隆景の生涯」『小早川隆景展』図録　三原市教育委員会

前川　要・千田嘉博・小島道裕 1991「戦国城下町調査ノート－郡山・吉田、春日山、岡豊－」『国立歴史民俗博物館研究報告』32

村上　勇 1993「吉田郡山城関連遺跡出土の陶磁器」『描かれた郡山城展』吉田町歴史民俗資料館図録 6

————2018「吉田郡山城跡採集の陶磁器雑感－威信財－」『芸備』49

山田　稔 1992「豊栄神社蔵の立体地形模型『芸州郡山之図』について」『山口県立山口博物館研究報告』18

吉田町教育委員会 1981『郡山城跡千浪郭群の発掘調査』

————1988『史跡毛利氏城跡（郡山城跡・多治比猿掛城跡）保存管理計画策定報告書』

————2002『史跡毛利氏城跡（郡山城跡）整備基本計画』

吉田町地域振興事業団 1995『郡山城跡周辺遺跡』事業団報告書 1

————2002・03『郡山大通院谷遺跡（古代編・中世編・西地点編）』事業団報告書 7 ～ 9

吉田町歴史民俗資料館 1993『描かれた郡山城展－絵図に見る戦国の城と城下町－』資料館図録 6

————1996a『郡山の信仰－満願寺の歴史－』資料館図録 11

————1996b『安芸郡山城と吉田』資料館図録 12

————2001『記録にみる郡山城内の実像』資料館図録 17

吉野健志 2015「郡山城合戦の陣地遺構」『戦国安芸高田の山城』安芸高田市歴史民俗博物館図録 12

吉野益見 1932「吉田郡山城阯」『史蹟名勝天然記念物調査報告』3　史蹟名勝天然記念物保存協会広島支部

渡邊安岐子 1996「戦国期安芸国郡山城下町の地理学的考察」『奈良女子大学地理学研究報告』6

挿図引用出典一覧

巻頭図版 1 上、3　　　安芸高田市教育委員会提供
巻頭図版 2　　　　　　吉田町教育委員会 1988 の「郡山城跡測量図」に加筆して作成
　　　　　　　　　　　以下、図 2 － 2・3、7 上、8 上、9 上、11、図 3 － 4、図 5 － 1、図 8 － 1 も同様
図 1 － 1 ～ 4　　　　小都勇二 1975 より引用
図 4 － 4　　　　　　古賀 2018 より引用
図 5 － 2 ～ 5　　　　吉田町地域振興事業団 2002・03 より引用
図 5 － 6　　　　　　安芸高田市教育委員会ほか 2009 より引用
図 5 － 7　　　　　　吉田町教育委員会 1981 より引用
図 7 － 1・2・4　　　小都 2005 より引用
図 7 － 3　　　　　　大朝町教育委員会 1990 より引用
　その他は筆者撮影・作成

おわりに

　毛利氏の城跡として史跡指定された郡山城跡は、その歴史的な意義だけでなく、多数の郭が全山を覆う西国屈指の規模と保存状態の良さから戦国大名の居城を体感できる城として著名である。しかし、その具体的な内容や調査・研究の現状については意外と知られていない。

　近年の調査・研究では、郡山城の築城から城域の拡大、改修、廃城まで、毛利氏の発展段階を残された遺構からたどる試みや、現地に残る遺構や遺物の特色からその時々の城の構造・内容・機能・性格の検討が行われており、良好に残る同時代史料の検討からは戦国大名の山上居住や城下町の研究など、歴史資料としての城館研究も模索されつつある。

　こうした研究により郡山城の重要性はさらに増しているが、その基本となるのは現地に良好に保存されてきた遺構の存在である。廃城後、郡山城跡は時代によって管理者にも変遷があったが、その保存については地元の愛着もあって継承されてきた。こうした経緯の中に現在の郡山城跡がある。今後も、調査・研究はもちろん、活用に当たっても、なにより遺構の保存と次代への継承を前提として考える必要がある。

　本書では、現地に残る遺構から城跡の構造・変遷を検討し、採集遺物やこれまで行われてきた発掘調査の成果を加えて事実関係の検証を行った。さらに史料調査の成果や安芸の発掘城館との比較・検討を行って郡山城の特色を探り、歴史的意義や価値を改めて考え記述した。今後の郡山城の調査・研究や郡山城跡探訪の際の基礎資料として活用していただければ幸いである。

2020（令和2）年6月

　　　　　　　　　　　　　　　　　　　　　　　　小都　　隆

著者紹介

小都　　隆

1946 年　広島県安芸高田市生まれ

広島大学大学院文学研究科修士課程（修了）

広島県教育委員会事務局・（財）広島県教育事業団事務局を歴任

日本考古学協会会員　博士（文学）

主要編著書

『中世城館跡の考古学的研究』渓水社　2005 年

『吉川氏城館跡』日本の遺跡 33　同成社　2008 年

『日本の古代遺跡　26　広島』（共著）保育社　1986 年

『考古学から見た地域文化−瀬戸内の歴史復元−』（編共著）渓水社　1999 年

『百聞よりも一見　探訪・広島県の考古学』（編共著）渓水社　2013 年

主要論文

「中国地方の中世城館−発掘資料による編年の試み」『大塚初重先生頌寿記念考古学論集』東京堂出版　2000 年

「発掘調査から見た吉川元春館跡の構造」『吉川元春館跡の研究』中世遺跡調査研究報告 2　広島県教育委員会　2001 年

「本拠の変遷−毛利氏を中心として−」『西国城館論集』 1　中国・四国地区城館調査検討会　2009 年

「西国の中世城館跡」『西国の権力と戦乱』日本中世の西国社会 1　清文堂　2010 年

「中世城館跡と地域社会−廃城後の郡山城跡−」『広島の考古学と文化財保護−松下正司先生喜寿記念論集−』同刊行会　2014 年

考古学から探る郡山城
― 城館が語る安芸の中世 ―

2020（令和2）年8月1日

著　者　小都　　隆

発行所　株式会社　溪水社

　　　　広島市中区小町1-4（〒730-0041）

　　　　電話 082-246-7909　FAX 082-246-7876

　　　　e-mail：info@keisui.co.jp

　　　　URL：www.keisui.co.jp

ISBN978-4-86327-522-5 C0020

百聞よりも一見
探訪・広島県の考古学

脇坂光彦・小都 隆【編著】　1,800 円＋税

広島県内の魅力的な遺跡・文化財を選出し、現地探訪のためのガイドと
考古学に基づく基礎資料や最新情報を紹介。

★各遺跡・文化財ごとに基本情報、行き方、見どころをコンパクトにまとめて掲載
★巻頭カラー図版、巻末には考古資料見学のための博物館・資料館の情報、知って
　おきたい考古学から見た地域相、広島県の中世城館跡の分類と編年、主要な遺跡
　の略年表、詳しく知る参考文献付き。

境目・広島県の古墳文化
―前方後円墳が語る地域史―

脇坂光彦【著】　1,350 円＋税

広島県の古墳文化が、"交通・交流の境目"という基軸によってどのよう
に形成されていったのか、古墳の実態や地域色から考察、探究する。

第1章　広島県の地理・歴史的環境　　第5章　いわゆる帆立貝形古墳の造営
第2章　前方後円墳の時代　　　　　　第6章　二子塚古墳の造営
第3章　甲立古墳の造営　　　　　　　第7章　終末期古墳の造営
第4章　三ッ城古墳の造営

中世城館跡の考古学的研究

小都 隆【著】　5,000 円＋税

中世における西日本を中心とした防御施設を持った軍事・住居施設跡を
「城館跡」とし、考古学的方法で改めて分類・編年を行い中世社会研究
のための有力な歴史資料化を試みる。

序　章　中世城館跡分類研究の現状と課題
第1章　西日本の中世城館跡
第2章　中世城館跡の機能と実態
第3章　中世城館跡の考古学的個別研究
終　章　中世城館跡研究の課題と展望

◆プリントオンデマンド書籍◆
お求めはネット書店（Amazon、
三省堂書店オンデマンド）で。

●図版・挿図出典一覧、遺跡索引付き●